二合一极简管理课

THE 2-in-1 MANAGER

极简管理课

卓越经理人

BE A GREAT MANAGER NOW!

U0783908

［英］奥黛丽·唐（AUDREY TANG）◎著　马林梅◎译

CNS　K｜湖南科学技术出版社

推荐语

"本书内容精炼而富有洞见，涉及管理的各个方面，有思想，有解释，有实例。无论是经验丰富的经理人，还是意图迈向卓越的新手，都能从中受益。"

——朱尼迪·撒哈姆（Junid Saham），马来西亚槟城马斯特包装集团（Master-Pack Group）董事，吉隆坡艾瑞卡资本（Areca Capital）董事、吉隆坡 Dialog Group Berhad 公司前董事

"无论你是管理老手还是管理新手，你都要阅读这本没有赘言、直奔主题的图书。它是你的必读书籍。"

——克里斯·布朗（Chris Browne），发展和就业能力教练，天空电视台克里斯 B 秀节目常驻教练

"一本极好的书，想取得成功的经理人都应当阅读它。"

——阿什利·布拉干扎（Ashley Braganza）教授，伦敦布鲁内尔大学组织转型学教授，经济与金融系主任

"阅读本书能增加你的管理学知识，帮助你理解不成文的管理规则，进而培养你的专业技能，激励和促进你的团队取得成功。"

——凯瑟琳·洛弗尔（Katharine Lovell），佛哈黑尔学校（Feharhill School）副校长

"本书充满了真知灼见，能助力各级管理人员处于最佳状态，是重视管理职业之人的必读书籍。"

——戴比·尼文（Debbie Niven），动量培训和管理咨询公司董事、联合创始人

前　言

目前，管理格局已经发生了翻天覆地的变化，尤其是社交媒体在商业世界中扮演着重要的角色。社交媒体不仅使人们更容易接触全球性资源，而且还改变了人们的认知和行为。撰写本书时，使用社交网络的人数约占全球总人口的四分之一。

可以获取到如此多的资源会让人分心，而人类的欲求（以及需求）也在发生着变化。尽管商学院教授的管理理论大体上仍然有效，但它们需要进行修改才能适应新变化，才能更好地应用于实践。

本书旨在提醒那些已经掌握了基本管理理论的经理人，要在"新世界"的背景下应用这些理论。当别人的错误变成了困扰你的难题时，本书能帮助你提出有益的想法，协助组织"灭火"。

严格来讲，本书没有过多地介绍管理诀窍，而是提供了一些新的想法、解释和例子，在这个要求日益严苛的世界里，它们能为新上任的经理人提供更多的行动途径。

参考文献：

eMarketer report（2013）*Social networking reaches nearly one in four*, *Emarketer.com*，见网址：

http://www.emarketer.com/Article/--Social--Networking-Reaches-Nearly-One-Four-Around-World/1009976

于 2015 年 9 月检索。经出版方许可引用。

目　录

第 **1** 章

像经理人一样思考

1.1 从"参与"到"协调"的过渡

从你担任管理职务的那一刻起，你的工作重心就从"自己动手做"变成"让他人完成"了。你已经从一名团队工作者变成了协调者或塑造者，你的思维也必须完成相应的转变。履新的前几周对于重塑你的观点至关重要，因为在这一过渡时期，扮演你的旧角色似乎要比新角色容易、舒适得多。永远不要忘记，尽管你处在"适应期"，但工作仍要继续，因此你需要快马加鞭地开展重要的工作，同时给人留下积极的印象。如同成功地实施任何变革一样，你要下定决心渡过难关。最艰巨的一项任务是有效地"指导"你曾经喜欢做的工作，因为它们的完成和质量仍然是衡量你成功与否的标准。

照着做

看看你目前的"待办事项"清单。需要你亲自动手的工作有多少？可以授权给团队的工作有多少？确定需要授权的事项，并至少授权一项（这么做有一个额外的好处，就是你能获得一点时间来适应新环境）。

1.2 了解你的工作

担任新的管理职务或其他任何新的职务，就如同在不知道规则的情况下参加熟悉的游戏。如果你是在组织内得到提拔的，那么你肯定知道该如何行事，但你必须首先确认你的做法是否正确。熟悉政策或者 SOP（标准作业程序）将有助于确保你的做法是恰当的，而且这些文件也将成为有效处理一切争议或问题的基础。然而，当你发现组织内的行为与官方政策相矛盾时，除非存在明显的健康和安全风险，否则请先观察一段时间，然后在必要时对 SOP 做出相应的改变，这样做是有益的。毕竟，需要修改的可能是政策，而不是实践做法。

照着做

如果你还没有做好准备，这周就花些时间来熟悉关键的组织政策，例如有关疾病、纪律、欺凌和骚扰、奖励、福利和费用、培训和发展的政策。

1.3 提问，不要假设（1）

即使你有幸拥有一段时间的交接期，也会有一些事情是前任经理没有交代清楚的。除非前任经理是"企业里的精神病"（Corporate psychopath），否则他们不会故意这么做。他们不希望你失败，这只是因为他们的第二天性，或者因为他们确实没有意识到你需要知道。永远不要假定向你办理交接事宜的人已告知了你一切。你要主动询问你需要知道的任何事项，这样才能最快、最高效地履行你的新职责。并不是他们不想告知你，他们可能只是没有意识到他们需要告知你什么。

照着做

　　列出你开始做上一份工作时你想了解的所有事项（或者列出你在做上一份工作时，你希望你的经理了解的所有事项）。如果你仍然不知道答案，那就多向别人请教吧！

1.4（非）社交网络

　　有许多报道称，工作人员因在网络上发布有问题的帖子而被解雇了，很多企业会在面试前查看应聘者的"个人档案"。如果你公开上传了一张不雅照片，那么出现上述结果就不稀奇了。作为经理人，你要更加谨慎行事，这可能意味着你要限制自己的帖子，甚至要限制你的受众。当然，在网络上对喜欢或不喜欢的同事评头论足已经不合适了，而且"你永远都猜不到工作中发生了什么"这类神秘的帖子并不能让你的团队安心工作，也不会让你赢得 CEO 的信任。虽然你不一定要屏蔽别人，但是你要向朋友们解释你的社交网络个人资料发生变化的原因。如果他们是你真正的朋友，他们会理解你、支持你。

照着做

看看你在社交媒体上展示的资料，问问自己是否愿意让老板看到它们。如果有必要，请更新个人资料，这样你可以从源头管理好你的好友列表、隐私和帖子。

1.5 管理改变

有这样一种隐性的理念：如果某个事物已经存在了很长一段时间，那么它有可能是好的——毕竟它已经存在了那么久。因此，新经理人的到来可能会令团队感到不安，特别是前任经理人已经工作了较长时间，或者与团队形成了一致的理念和做法时。如果你是在部门内得到了提拔，那么你可能需要处理这一问题：你的团队成员过去如何看待你，以及他们现在如何看待你。部门内的人会聊及这些话题："他 / 她会变成什么样？""他 / 她会改变什么？"以及真正重要的问题"他 / 她会跟我友好相处吗？"。如果团队的人还不了解你，他们可能会在网络上搜索你的名字，查看你的社交网络个人资料。一旦你来掌舵，你就要让你的团队安下心来工作。

照着做

　　你是否与团队成员进行了一次非正式的谈话？只要不影响他们的工作进度，你就可以安排时间与他们一起喝茶，别忘了带上蛋糕（或水果）哦！

1.6 旧愿景，新视角

　　无论你是接任管理职务还是被提拔为经理人，你对组织的看法都会发生改变。你现在不仅要对自己负责，还要对下属负责。从一个更外在的激励因素（例如"我工作是为了生活"）来看，作为一名经理人，你将更加坚定地致力于实现组织的使命和目标，毕竟这已经成为衡量你成功与否的新标准了。你的目标之一是通过团队的成就来推动组织取得成功，然而，你的团队可能不会（也不一定）遵守相同的承诺。人们工作的理由有很多——为了钱、个人成功、实现抱负，为了养家糊口，为了让家人享受已经习惯的生活，为了施展自己的才华等。领导力教科书对激励理论（马斯洛、赫兹伯格、麦克莱兰等）均有所介绍，但要注意，在这些工作理由当中，鲜有能激发员工全身心地投入组织工作的。大多数因素能激励员工继续工作，但除非他们对组织做出承诺，否则当机会来临时，他们会带着积累的技能另谋高就。组织愿景的实现还有赖于其对员工技能的维持，这意味着你要认可并发展他们的才能，这样才能留住他们，并不断提高他们的业绩。

照着做

　　识别团队中成就突出的人和工作吃力（或不为人注意）的人。了解哪些因素能帮助你发展或支持他们。

1.7 积极主动

　　当你不再关心自己的工作时，你就应该停止管理工作了。当然，这样的事情永远不会发生在你身上：你巴不得马上就接受这一激动人心的挑战并做出些成就来呢！但人是有感情的生物，难免会受到彼此的影响。你做了什么、你如何行动都会对你周围的人产生影响。你的影响可能是积极的，也可能是消极的，你的团队也是如此。担任管理职务后，你处在一个特别的位置，你可以做一些事情来对职场产生积极的影响，不要浪费了这一机会。不要总是被动地做出反应，而是要积极主动地做出决策，为组织或员工的发展和成长寻找机会，并为扩大自己的知识面而感到自豪。向他人学习，广泛阅读，将管理职务视为你职业生涯的开始，而不是结束。积极主动的工作态度也会让你精力充沛、干劲十足！

照着做

写下五年内你希望在组织中所处的位置。列出你可以做的三件事来开启你的升迁之旅。明天就着手做一项吧！

1.1 从"参与"到"协调"的过渡

"经理人不是能比团队成员更好地完成工作的人，而是能让团队成员更好地完成工作的人。"

——弗里德里克·W·泰勒（Frederick W. Taylor，1911）

为什么

你进入管理层或获得晋升的一个常见原因是，你非常擅长于当前从事的工作。但是，管理需要一套新的技能。你必须学会如何清晰地与团队沟通，这样他们才能准确地理解他们要做什么；你可能需要教导或支持员工完成你认为易如反掌的工作，你也可能需要激励他们完成一些无报酬的工作。你还有权在组织内做出决策或改革，而且你可能会面临更多的汇报和反馈，这些有助于部门的顺利运转。你变得更加忠于组织的价值观和使命。管理的任务是要促使其他人成功地完成工作，而非亲自

上阵。当然，你的实践工作经验很重要，你要运用它们来改善工作条件、资源或系统。

知识简介

职场人士都希望升职，但一旦实现了这一目标，组织往往不会考虑或不知道如何培养升任新职务的员工，这导致一些经理人的表现极为糟糕，并且幻想破灭。罗伯茨发现，在工作中表现出色的人往往能成为优秀的经理人，但他们确实需要进一步的培训。通过培训来发展一系列的管理技能，并为不愿意担任管理职务的人提供选择，这样才能提高组织

的人才保留率。升职是一个目标，而管理是一种选择，这只是职业生涯
的开始。

试着做

　　恭喜你实现了自己的目标，现在集中精力应对管理挑战吧！

　　1.思考你所担任的新职务的优势和劣势。

　　2.为提高你的技能寻求帮助或参加培训。培训需求分析对你的激励作用会更大。为何非要等到对你进行第一次考核时才寻求支持呢？

　　3.认识到你的工作关系可能需要改变。

　　4.了解部门的发展方向或团队的总方向，并有效地进行沟通。

　　5.要明白，你的视角和目标将发生变化，但你的团队可能不会。铭记这一点，找到与他们合作并成功实现你目标的方法。

　　如果管理职务不适合你，那就做适合你的工作吧！

思考

· 你得到了什么启示？

- 你下次会如何做？

（空白框）

参考文献

Belbin, M.（1981）*Management Teams*. London: Heinemann.

Roberts, K.（1994）The transition into management by scientists and engineers: A misallocation or efficient use of human resources? *Human Resource Management*, 33: 561–579.

Taylor, F.W.（1911）*The Principles of Scientific Management*. New York, NY and London: Harper & Brothers.

1.2 了解你的工作

"当权者不了解员工的想法，对员工士气的打击最快、最彻底。"

——莱昂内尔·乌威克（Lionel Urwick，1956）

为什么

显然，清楚自己的工作对你的信誉至关重要，从事管理工作时，你也要知道团队中的每个人应该做什么。然而，许多经理人发现，当他们处理公司弊病时，对相关政策了解不足会导致新问题的出现。因为员工们了解这种制度，但经理人不了解。如果你了解公司相关的制度，那么在熟悉日常职责的同时，你也能确认是否需要、能否改变某些事情。你的新视角也能使你确定是流程低效还是执行有问题（团队成员很容易将原因归咎于前者）。借用一个医学术语，一旦一段时间的"观察等待"结束，你就可以实施变革了，因为你对可能出现的问题有了更全面的了解，而且对你的团队有了更深入的了解，这都能使你在实施变革的过程中遭遇的阻力达到最小。

知识简介

神经语言学编程（NLP）从业者（和运动员）以"匹配、调整、领导"来描述成功的步骤。这指的是先匹配人员或情境（在交易背景下可能指说话者情感上的细微差别，在运动背景下指的是领跑者），之后调整步调（并肩前行），最终引导他得出结论。这一步骤也有助于提高变革的效率。如果你了解部门内部的做法，并与员工并肩作战一段时间，那么你就能清楚地了解部门内部是如何运转的，执行者是谁，与冷冰冰的鼓动相比，你就更容易在管理岗位上领导变革了。

试着做

身处新职位的你，在实施变革前：

1. 考虑是需要改变做法，还是为适应做法而改变流程。注意，改变政策也可能被视为失败主义的做法，例如："如果你不能解决它们……"。因此要阐明你的理由，并解释清楚变革的原因。

2.熟悉你的部门的运作模式，包括书面的操作规则以及团队目前正从事的工作，而且在领导变革之前要与他们一起工作。

3.确保你了解需要修改的人力资源政策或标准操作程序。这可能需要调整时间顺序，或者出现的问题或事件证明了改变程序的必要性。

思考

- 你得到了什么启示？

- 你下次会如何做？

参考文献

O'Connor, J.（2013），*The NLP Workbook: Newburyport, MA*: Conari Press.

Urwick, L.（1956）The span of control, *Harvard Business Review*, May-June.

1.3 提问，不要假设（1）

"坏习惯是在不知不觉中养成的。"

——亚里士多德（Aristotle）

为什么

与大多数职业角色一样，经理人没有太多的"适应"时间。如果你已经进入了角色，并且不再以学习者的姿态出现了，那么这就意味着你可以开展管理工作了。因此，要收集尽可能多的信息为你所用，这是你的责任。当人们离开某个职位时，特别是当他们已经在这个位子上待了较长的时间时，他们的关注点就不一定是工作的交接了。此外，有时他们并没有意识到他们的工作已经变成了习惯。而你有一双新的眼睛，有抓住全新的机会获得成功的动力，这是你的优势，所以在这个阶段你多付出一些努力，会对你日后的工作大有裨益。

知识简介

麻省理工学院的一项研究发现，习惯会在实践中形成。一旦在某些方面形成习惯，你对这些方面的考虑就会减少，这意味着你很难针对它们进行改革或调整。因此，在你的前任实践中要注意这一点。然而，无论何时上任新职位，你都要形成具有自己独特风格的做事方法。看看周围人是怎么做的，向他们问问那些让你感到奇怪的事情。

注意："我们一直都是这么做的"不是什么好理由，原因详见 7.7 节。

试着做

列出你入职时需要问明的事项清单，它们可能包括：

1. 人力资源政策的定位

2. 预算负责人授权书

3. 所需的其他授权表格（例如交通运输费、假期、疾病、工时表、保险等）

4. 团队的考核和强制性培训记录

5. 如何访问内网

6.特定部门（如采购部、财务部、人力资源部、学习和发展部）的联系人和联系方式

7.消防测试程序和定期的测试日期

8.部门惯例（例如"周五披萨日"）

思考

· 你得到了什么启示？

· 你下次会如何做？

参考文献

Aristotle and Sachs, J.（2002）*Nicomachean Ethics*. Newbury, MA: Focus Publishing/R. Pullin.

Boddy, C., Ladyshewsky, R.K. and Galvin, P.G.（2010）Leaders without ethics in global business: corporatepsychopaths, *Journal of Public Affairs*, 10,

June, 121–138.

　　Dougherty, A.（2015）Neurons drive habit, *News.mit.edu*, 19 August, http://news.mit.edu/2015/neurons-drivehabit-0819（于 2015 年 9 月检索）

1.4（非）社交网络

"我们无法选择社交媒体，重要的是我们怎样适应它。"

——奎尔曼（Qualman，2010）

为什么

　　我们都在使用社交媒体，我们的顾客、客户和同事也是如此。它是一种构建网络的工具，触及的范围比传统媒体更广泛，同时也是一种自我表达的渠道。然而，尽管作家赛珍珠曾写道："自我表达是通过艺术表达个人情感、个性或思想的形式"，但这个词已被赋予了更广泛的含义，例如在论坛中发布自己的生活时间表，邀请网上的"朋友们"进行评判。由于社交网络资料如此普遍，因此对它们进行适当的管理就变得非常重要了。如果你不想在公共场合说些什么，那你为何喜欢把它们写出来并"发布"出去呢？你和听众之间的心理距离具有欺骗性。你可能在卧室这样的私密空间里写了些东西，有人却在他们的私密空间里访问了你写的内容——你不仅直接与他们建立了联系，而且通常是在私密的环境中建

立联系的。如果你不打算在现实中以这样的方式与同事进行互动，那么你就不应该在网络上这么做。

知识简介

欧洲公关公司联盟曾针对雇主的社交网络行为开展了一项调查，发现五分之一的老板因申请人的社交网络资料而拒绝了他们。该组织在报告中指出，有 40% 的受访公司表示，他们在邀请申请人面试之前会查看他们的社交网络资料。然而，凯业必达（CareerBuilder）的调查显示，尽管申请人因社交网络资料（包括语法或拼写错误以及不适宜的帖子或照片）被拒绝或谴责，但管理得当的资料有助于申请人升职或得到梦想的工作。凯业必达的报告显示，公司根据社交网络资料聘任申请人的常见原因是：

- 申请人看起来很符合公司文化

- 申请人表现出广泛的兴趣爱好

- 申请人的个人资料很有创意

试着做

1. 更新你的隐私设置，如果有必要，限制某些人访问你在社交媒体上发布的信息。

2. 更新设置，以便你查看"标记"的帖子（虽然你无法限制其他人发布令人尴尬的内容，但你肯定不需要将这样的帖子链接到自己的网页上）。

3. 要求人们删除你不希望公之于众的照片，或者至少在发布照片之前把你"去掉"。

4. 确保能公之于众的内容是你乐于让世界上任何人看到的。一旦它们脱离了你的控制，任何事情都有可能发生。

5. 更新你的网站，展示你理想的经理人形象。

思考

· 你得到了什么启示？

· 你下次会如何做？

参考文献

Buck, P.S.（1954）*My Several Worlds: A Personal Record*. New York, NY: John Day.

CareerBuilder（2012）www.CareerBuilder.co.uk（于 2015 年 7 月检索）

Eurocom Worldwide Survey（2012）www.eurocompr.com/prfitem.asp?id=14921（于 2015 年 12 月检索）

Qualman, E.（2010）*Socialnomics*. New York, NY: Wiley.

1.5 管理改变

"成功就是不断地适应、修正和改变。停滞不前的公司很快就会被遗忘。"

——理查德·布兰森（Richard Branson，2015）

为什么

"'改变'之所以困难，原因之一是……'人们认为，一个事物存在的时间越长，它的价值就越高'。"

——艾德尔曼等人（Eidelman et al.，2010）

作为新经理人，你的到来是团队需要习惯的第一个改变，因此要小心对待。毕竟，你的亮相方式预示着你处理其他工作的方式。经理人要

像关注任务一样关注人，最成功的经理人会鼓励团队与自己密切合作，而不是向自己妥协。随着管理生涯的推进，你们的这种合作会变得至关重要。当你的团队目标一致时，所有人都会齐心协力地去实现它，团队会取得骄人的业绩。

知识简介

众人拾柴火焰高，协作可以使任何改变都变得容易实现。为了促进协作，你要建立与团队之间的信任。里奇和威斯认为，糟糕的合作比完全没有合作更糟糕，并强调了在同事之间建立信任的重要性。这种信任感要从经理人开始，慢慢地弥漫于整个团队。所有人都向着共同的组织目标而努力，最终会收获丰硕的成果。这不是一项简单的任务，需要一位沟通能力强、诚实正直、信守承诺的经理人。然而，时间长了，良好的做法也可以转变成习惯。通过顺利管理好你的初次亮相，因为这是你的团队面临的第一个变化，会为你未来的成功变革奠定良好的基础。

试着做

1. 不要指望每个人都能马上喜欢你。事实上，不要指望每个人都能喜欢你……最重要的是，他们能信任你并为你工作。

2. 找时间与整个部门的人会面，介绍自己，并与团队中的各个成员会面。这是一个倾听他们对组织看法的好机会，你可以据此不断挖掘他们的潜力。

3. 如果你曾在团队中工作过，那么你要承认这一点：你的新角色可能会让所有相关人员感到不适应。

4. 即使需要马上做出改变，也不要立即开展行动。记住你在1.2节所学到的知识：花时间了解内情，然后你就可以匹配、调整和领导了。

5. 如果你要领导一次重组，那么不要让人们产生一种虚假的安全感。要诚实（在你的职权范围内），并给他们留出准备时间，这样变革才可能有利于整个团队的福祉。

6. 要明白，人会习惯在不同的时间改变，确保你表现专业且言行一致。

7. 从你与经理人的相处经历中学习——哪些行为对你的工作有利，哪些不利？

8. 如果你不太确定将要做出哪些改变，请探寻背后的原因，而且只要你没有违反保密规定，你就可以向团队进行简要的说明。当人们了解改变背后的原因时，他们会更好地应对改变。

9. 始终要明确、清晰地传达信息——信息的接受质量决定着信息的质量。

10. 如果你做出了承诺，就要坚守到底。

11. 不轻易许诺（商业环境瞬息万变）！

思考

· 你得到了什么启示？

- 你下次会如何做？

```

```

参考文献

Blake, R. and Mouton, J. (1964). *The Managerial Grid: The Key to Leadership Excellence*. Houston, TX: Gulf Publishing Co.

Branson, R. (2015) *My Top 10 Quotes on Change,* Virgin.com, http://www.virgin.com/richard-branson/my-top-10-quotes-on-change（于2015年8月检索）

Eidelman, S., Pattershall, J. and Crandall, C.S. (2010) Longer is better, *Journal of Experimental Social Psychology*, 46 (6), 9930998.

Ricci, R. and Wiese, C. (2011) *The Collaboration Imperative*. San Jose, CA: Cisco Systems.

1.6 旧愿景，新视角

"一旦你意识到，自己正在做一件一直想做而又不想失败的事情时，你就会表现得与众不同……这意味着诚信、专业，而且意味着你知道什么是对的，什么是错的。"

——保罗·安卡（Paul Anka，2013）

为什么

在小型组织中，有时可能只雇佣一名像你一样为组织尽心尽力工作的员工。在刚成立的企业中，这样的情形很常见，员工可能需要无偿工作一段时间。在规模较大的组织中，员工选择加入你团队的原因有很多，比如"工作总比不工作强""我在别的地方找不到工作""我只是在打发时间，一直到我退休"。这并不必然意味着他们表现不好，而是意味着你要先激励他们，让他们找到个人成功的乐趣。虽然你的团队成员并不关心组织能否在年底获利或获奖，但是，当他们的个人贡献得到认可时，他们会有成就感。在考虑他们是否应换岗时，不要忘了这个因素，在某些时候这也可能是你换岗时应考虑的因素。从侧面看，人们倾向于离开他们的经理，而不是他们的工作，因此要确保他们不会离你而去。你现在正致力于组织的成功，因此要尽力让你的团队致力于你的成功，这样你的组织才能得到发展。你的一言一行均代表了组织，如果你想让员工全身心地为组织工作，那么你首先要让他们全身心地为你工作。

知识简介

不要指望所有的员工都像你一样与组织联系紧密，相反，要把自己视为组织和团队之间的桥梁。如果你希望组织取得成功，那么你就必须帮助你的团队取得成功，而且要留住人才。2006 年的一次盖洛普民意调查（Gallup Poll）发现，对 100 多万名员工而言，"坏老板或恶主管"是他们离职的首要原因，75% 的员工的离职原因在某种程度上都与管理者有关。

　　盖洛普的调查还发现，当员工觉得"与组织有联系"时，他们可能选择留下来。如果不能全身心地帮助组织取得成功，那么通过对员工的充分投资，例如培训和发展计划，也可以提高员工保留率和员工的业绩（以及与组织的联系）。《企业社会责任白皮书》指出，积极的团体和道德联系也能增强员工的敬业度（另见 7.4 节。）

试着做

　　1. 熟悉组织的使命、价值观、目标和发展规划（按计划重组或裁员时，要预先提出警示，这是你尊重和诚信对待团队的表现）。

　　2. 寻求发展最佳员工的方法，并对表现不佳的人提供支持。

　　3. 保持诚信、道德和企业社会责任感（CSR），并注意（向团队强调）你的组织在企业社会责任领域所做的工作。

　　4. 记住你被自己的上司称赞或忽略时的感受。吸取这些经验，成长为一名你心目中理想的经理人。

思考

- 你得到了什么启示？

- 你下次会如何做？

参考文献

Anka, P.（2013）Paul Anka talks learning right from wrong, *The Toronto Sun*, 15 April, http://www.torontosun.com/2013/04/15/paul-anka-talks-learning-right-from-wrong（于 2015 年 7 月检索）

Gross, R.（2009）Corporate social responsibility and employee engagement: making the connection [White Paper]. 见网址 http://www.mandrake.ca/bill/images/corporate_responsibility_white_paper.pdf（于 2015 年 8 月检索）

Robinson, J.（2008）Turning around your turnover problem. 见网址：Gallup.com.www.gallup.com/businessjournal/106912/turning-around-your-turnover-problem.aspx（于 2015 年 12 月检索）

Vanthournout, D., Olson, K., Ceisel, J., White, A., Waddington, T., Barfield, T., Desai, S. and Mindrum, C.（2006）*Return on Learning: Training for High Performance at Accenture*. Chicago, IL: Agate B2.

1.7 积极主动

"积极主动是高效能人士奠定其他习惯的基石。"

——史蒂芬·柯维（Stephen Covey，1989）

为什么

夏尔马建议，尽管并非每个人都需要具备 CEO 的思维，但最成功的组织文化是人人皆积极主动的文化。作为社会性动物，人类习惯于向他人学习，特别是向那些他们眼中学富五车或大名鼎鼎的人学习，因此，团队表现出管理者的特征并不罕见。积极主动能让你推动组织向你喜欢的方向前进，让你时刻保持精神饱满、对工作充满激情。积极主动还提供了一种选择和控制的元素，这是人类的另一种基本需求，而它们反过来又能提高工作满意度。如果你展现出了积极主动的态度，你的团队就很容易热情地响应你的号召，唯你马首是瞻。

知识简介

罗特的人格控制点框架理论指出，那些自认为对生活没有多少控制力的人（即具有"外部控制点"的人）比那些自认为有一定影响力的人（即具有"内部控制点"的人）更容易患上临床抑郁症。在职场上，控制力强的人会更加积极地改善自己的条件或者另谋高就，而那些具有"外部控制点的人"往往会怨天尤人，而不是采取行动。

虽然让人们积极地另谋高就似乎有悖直觉，但是你要认识到，那些技能娴熟、积极主动的员工很吃香，因此也更值得你积极地挽留。一位有抱负的管理者通常希望为一家有雄心壮志的组织工作，通过对员工的积极授权，你不仅能帮助组织发展壮大，而且你的远大抱负也会得到赏识。

试着做

1. 给自己留点时间——积极主动的思考得益于反思，因此尽量不要将每天的安排得过满。这样的话经理人会疲于应付各种工作，因此要改变这样的现状。

2. 安排好自己的持续专业发展（CPD），抓住一切机会学习。即使是参加年度培训也有可能让你学到一种做事的新方法，或者记住一些不要使用的方法。

3. 利用在线网络平台与你将来希望合作的组织或个人建立新的联系。

4. 学会观察你所在部门的氛围并分析原因，在问题出现并恶化之前未雨绸缪。

5. 接受管理永远存在挑战，但一旦你掌控好了它，你就会持续地从中得到激励和鼓舞。

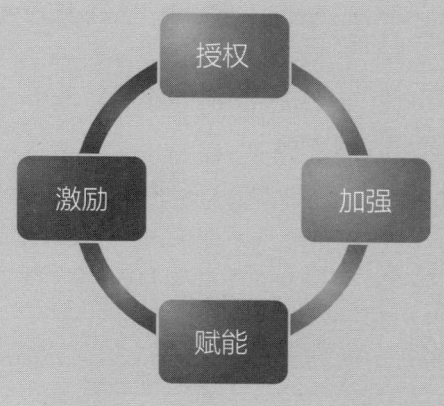

思考

• 你得到了什么启示?

• 你下次会如何做?

参考文献

Allen, D.G., Weeks, K.P. and Moffat, K.R. (2005) Turnover intentions and voluntary turnover: the moderatingroles of self-monitoring, locus of control, proactive personality and risk aversion, *Journal of AppliedPsychology*, 90, 980-990.

Bandura, A. (1963) *Social Learning and Personality Development*. New York, NY: Holt, Rinehart, and Winston.

Covey, S.R. (1989) *Seven Habits of Highly Effective People*.New York, NY: Free Press.

Rotter, J.B. (1954) *Social Learning and Clinical Psychology*. New York, NY: Prentice-Hall.

Sharma, R. (2006) *The Greatness Guide*. London: HarperElement.

第 **2** 章

让团队工作

2.1 理解团队是什么

组建团队的目的是为了完成一项任务。无论你是自己选择这个团队，还是加入一个已经组建好的团队，人们在那里主要是为了在大局中发挥自己的作用，尽管是出于个人原因。因此，需要以大局观来推动团队前进，如果你丧失了大局观，或者你认不清大局，那么你很快就会忽视你的团队。

在职场中，人人都得工作，都隶属于一个组织。虽然你有可能遇到与你有关系的人，但这不是职场中团队的本质。那些将个人情绪凌驾于工作之上的团队，要比以完成任务、项目或实现组织目标为己任的团队更有可能分崩离析。

当人们彼此尊重时，团队会出色地完成工作——人人皆认可其他人的贡献，尊重彼此方法上的差异。在成功的团队中，成员会意识到自己的个人偏好、需求和缺点，但他们具备良好的人际交往能力，能够彼此合作，共同完成组织的目标，而快乐的团队能够看到并体会到这么做的价值。

作为经理人,你最重要的职责是,确保组织的成功是激励团队中每个人的动力,激励他们能接受个体差异并将其视为实现目标的途径。

但是,什么时候组织的成功能激励你的团队呢?答案是当成功带来的回报(你有一定的控制权)直接影响到他们的个人需求时,比如改善工作环境、奖金、工作保障、晋升、与喜欢或仰慕的人合作等。

照着做

认清你所在部门的大局。你的团队有动力去实现它吗?思考每个人的行为,确定哪些因素能激励他们。

2.2 了解你的团队

领导新团队时,一项非常重要的工作是了解你团队的工作行为。这正是 MBTI® [1], Belbin® [2], Merrill-Reid [3] 这些测试方法大显身手的时

---

1. 迈尔斯布里格斯类型指标(MBTI)性格测试是国际最为流行的职业人格评估方法,是美国心理学家伊莎贝尔·布里格斯·迈尔斯和她的母亲凯瑟琳·库克·布里格斯创立的。——译者注
2. 贝尔宾团队角色分析法(Belbin),由剑桥产业培训研究部前主任贝尔宾博士和他的同事们经过多年在澳洲和英国的研究与实践后提出的测试方法。——译者注
3. Merrill-Reid 是一种行为风格测试法。——译者注

候。你不仅能够运用它们确认你的团队可能喜欢和擅长的工作类型，而且还能深入了解他们的沟通风格，以及如何高效地指导和激励他们。

奖励你的团队时，首先要考虑他们来组织工作的原因。记住，正是组织目标的实现（以及目标实现后如何满足团队成员的个人需要）才使得个人在面对抱怨或挫折时愿意为组织付出努力。但不要忘记，目标和动力不是固定不变的。随着时间的推移，你团队中的个人及其工作需求和偏好也会发生变化。

照着做

　　了解你的组织是否提供了 MBTI® 或 Belbin® 之类的"团队工具"，若有，请运用它们进行测试。

2.3 知人善任

某人能做某项工作并不意味着他是这项工作的最佳人选。通常情况下，将一项工作分配给某些团队成员是因为他们擅长这项工作。然而，发展员工也是你的职责所在，你对他们进行投资，意味着他们和你的部门能在快速变化的商业世界中持续发展。

不要把工作看成静态的，每个组织都要前行。在竞争激烈的商业世界中，你的组织不进则退。你的团队目前执行的任务与他们在 12 个月后执行的任务会有所不同。历史告诉我们，无论产品有多完美，都无法保证其长盛不衰。专业太窄可能意味着，当任务变得多余时，工人也可能变得多余。要确保最出色的员工想要并且能够留在你身边！

照着做

　　明确你所在组织 3~5 内的目标，问问自己：我的部门能应付得了吗？列出三种方法，让你的团队发展准备就绪。

2.4 处理争议和问题

除了预防和解决团队内部可能出现的潜在争议和问题外，认识到团队自身必须扮演的角色也很重要。在最高效的团队中，争议和问题都是在基层得到处理的。如果你的团队成员有信心、有能力，并且有解决这些问题的权限，他们往往会这么做，这都是非常锻炼人的工作。

"难道你们不乐见我们召开此次会议解决我们之间的冲突吗？"

将问题提交上级处理常被视为软弱无能的表现。然而，处理争议和问题时，团队中也可能弥漫着"我解决这个问题不划算"的想法。不管怎样，如果你在处理一个你重视的争议或问题时，你不仅要解决这个问题，还要弄清楚问题发生的原因以及如何避免它再次发生。后两点可能会牵涉到组织内部或管理中需要解决的问题。如果你治标不治本，问题会一而再、再而三地发生。

照着做

回想一下你的组织内最近处理的一次争议，根源性问题得到解决了吗？如果解决了，那么将这一解决模式铭记于心，以便下次遇到同类争议时能快速地处理。（如果没有解决，请思考一下下次会如何做。）

2.5 挑战感知到的偏袒或歧视

虽然你有充足的理由区别对待不同的团队成员，但你仍然会遭受偏袒的指控，这会使你的团队内部产生不和谐。生而为人，我们都有个人偏好，都有喜欢和不喜欢的事物。我们倾向于选择那些我们了解或让我们感到舒适的环境和人，因此，我们很容易忽视自身的偏爱或歧视，因为我们只是在做让自己感到舒服的事情，或者避免做那些让自己感到不

舒服的事情而已。然而，当我们的情感有可能影响我们的理智时，坚守原则和程序能够避免偏袒和歧视行为的发生。

照着做

从今往后要多反思自己的行为，想想外人会如何看待它们。

2.6 对所有人运用 360 度反馈法

在组织内部，人们往往不相信评估结果，因为他们将评估视为一种"打勾"练习。然而，如果评估得当，它们可以为当前的表现和改进方法提供非常有价值的见解。你可以运用的一种方法是 360 度反馈法。让团队成员参与到对你的评估中，这样你不仅可以发展自己，还将为团队引入一种评估文化。

如果连你都不相信某种评估方法，你的团队为什么要相信？

照着做

列出评估的优点，并传达给你的团队……然后让他们对你的表现进行评估。

2.7 "我"在团队中

管理职位为你提供了大显身手的机会。只有身处这一职位，你才有权力实现变革。部门和个人的成长都非常重要，你的团队成员获得的技能越多，他们对部门的认同度就越高，这反过来也会促使他们做出更大的成绩。

组织成功 –> 个人回报 –> 快乐的团队

作为一名经理人，你需要增强团队的凝聚力，但也要让团队中的每个人以自己的节奏成长。这意味着他们必须从自己的错误中学习，自行得出解决方案。当然，由于你时间有限，所以有时直接的指导可能是必要的。如果你能对他们量才而用，并且有充足的时间对他们提供必要的支持，那么，你最好将你的注意力集中在自身的进步上。

照着做

确定一件事，让你的团队中每个成员都参与，赞美他们为此做出的贡献。

2.1 理解团队是什么

"团队合作是一种团队成员一起朝着共同目标努力的能力，是一种把个人成就指向团队目标的能力。"

——安德鲁·卡内基（Andrew Carnegie），

引自文图拉（Ventura）和滕普林（Templin，2005）

为什么

新经理人的共同愿望（即使没有言明）是拥有一个如电视剧中所描绘的那种团队——一群存在冲突而又互补的人团结在你的周围，这虽然有点理想主义，但并非不可能实现。你首先要考虑的不是群体，而是任务和工作环境。

你不可能取悦每个人，因为其他人的情绪不受你的控制，但你可以控制工作环境、你授权的工作和给予的奖励和表彰，这些都有助于改善你团队的整体氛围。就像客户忠诚度与客户体验有关一样，团队忠诚度、生产率和业绩也都来自于积极的工作体验。

知识简介

团队是"成员团结一致，共同实现统一目标的群体"。只要尊重彼此的技能，保持清晰和开放的沟通，遵循有利于实现目标的职业道德，团队成员就没有必要彼此相伴。如果设定的团队目标能够满足个人的需求，你会发现，团队在个人层面上也能运作得非常出色。管理一个团队时，你的任务是确保每个人都能了解并尊重彼此的角色，确保团队拥有完成任务的技能（人际关系和其他方面），确保目标的实现是有意义的。

试着做

1.了解组织的 5 年计划，以及该计划如何使团队受益。

2.将上述信息传达给团队，以便团队形成共同的愿景。

3.确保每一名团队成员都理解，在实现共同愿景的过程中，自己和其他人所扮演角色的重要性。

4.确保你的团队具备完成你下达的任务所需的技能（人际交往能力和实践技能），若不具备，则提供培训。

5.了解团队的个人激励因素，并据此制定你的奖励规则（如果可能的话）。

6. 请记住，你不能让人们相互喜欢，但你可以通过上述行为创造一个积极的工作环境。

思考

· 你得到了什么启示？

· 你下次会如何做？

参考文献

Coyle-Shapiro, J.A.（2002）A psychological contract perspective on organizational citizenship behavior. *Journalof Organizational Behavior*, 23（8）, 927-946.

Shaw, C.（2007）*The DNA of Customer Experience: How Emotions Drive Value*. Basingstoke: PalgraveMacMillan.

Ventura, S. and Templin, M.C.（2005）*Five Star Teamwork: How to Achieve Success ... Together*. Bedford, TX:Walk the Talk Company.

2.2 了解你的团队

"优势源于差异，而非相似"。

——史蒂芬·柯维（Stephen Covey，2004）

为什么

MBTI®，Merrill-Reid 和 Belbin®（仅举几例）等人格测试方法能帮助你确认团队成员的沟通偏好，他们喜欢团队中的什么职位，以及如何高效地激励他们。这并非什么新鲜事，量才而用能够提高生产率和业绩。同样不新鲜的是，尽管团队成员对工作环境有偏好，但工作动机确实是因人而异的。然而，许多经理人无法根据收集到的信息高效地开展工作，而且也没有意识到团队成员的这些偏好、动机和期望的奖励会随着时间的推移而改变。

知识简介

虽然人格测试能提供团队中的个人信息，并能深入了解团队中的个人思维和行为，但运用这些方法的成本可能比较高，因此可采用简单的"Buzzfeed 测验法"代替，或者是进行一项投资，形成新的管理风格和团队，而且团队成员有权自行做出选择。

你的测试结果应该有益于改善团队内的沟通，提高领导力并打破孤立。这意味着倾听他们的需求和问题，并让其他人也倾听，然后根据掌握的信息采取行动。切忌独断专行，要使部门和个人的成长需求符合组织的愿景。

试着做

1. 如果你正在举办一场"倾听活动"，也请务必提出解决方案。这对团队来说不仅是个很好的实践，而且他们也会发现这种做法很有用。

2. 要求团队成员实事求是，并确保他们能畅所欲言。

3. 尝试着对你的团队成员运用如下"矩阵法"：

列出你的团队成员及其测试结果，然后要求他们列出目前或过去提出的问题。如：

姓名	MBTI	提出的问题	需要采取的行动	成长机遇	思考
莎莉·史密斯	ESFP[1]	感觉被低估			
乔·博格斯	INTJ[2]	团队成员认为他应该在会议上多发言			

让他们提出可能的解决方案，并找出他们想寻求的发展机会。

让每个人运用 SMART 目标法制定行动计划。

4. 一旦你的计划付诸实施，你就要注意实施期间出现的任何问题。出现问题可能意味着你的团队前景已经发生了变化，此时你就需要修改矩阵了。

---

1. ESFP：MBTI 职业性格测试的一种结果，指外向＋感觉＋情感＋理解的人格形态。——译者注

2. INTJ：MBTI 职业性格测试的一种结果，指内向＋直觉＋思维＋判断的人格形态。——译者注

思考

- 你得到了什么启示？

- 你下次会如何做？

参考文献

Belbin Team Roles Inventory: The Home of Belbin Team Roles, 见网址：http://www.belbin.com/（于2015年7月检索）

Buzzfeed Quizzes，见网址：http://www.buzzfeed.com/?country=uk（于2015年7月检索）

Covey, S.R.（2004）*The 7 Habits of Highly Effective People: Restoring the Character Ethic*. New York, NY:Free Press.

Doran, G.T.（1981）There's a S.M.A.R.T. way to write manage-ment's goals and objectives, *Management Review*（AMA FORUM），70（11），35-36.

Grandioni, D.（2014）Buzzfeed quizzes-how do they work? *The Huffington Post*, 20 February, 见网址：

http://www.huffingtonpost.com/2014/02/20/buzzfeed-quiz-how-do-they-work_n_4810992.html（于2015年9月检索）

MBTI®: The Myers & Briggs Foundation, 见网址:http://www.myersbriggs. org/my-mbti-personality-type/mbti-basics/（于 2015 年 7 月检索）

Merrill-Reid social styles inventory: Merrill, D.W. and Reid, R.H.（1999）*Personal Styles and EffectivePerformance*. New York, NY: CRC Press.

2.3 知人善任

> "拜托，我想演喜剧。一旦你因为一件事情而出名（于我而言是哭泣和死亡），你就被定型了。"
>
> ——艾米丽·沃森（Emily Watson，2012）

为什么

从实践角度看，重复性劳损（RSI）是因"反复或长期做特定的活动"引起的。从精神层面看，重复做同样的事情也会导致倦怠。然而，颇具讽刺意味的是，员工们发现，他们在某项工作中的表现越好，上级就越把这项工作分配给他们。从管理者的角度来看，这样做短期内有意义，因为你希望下属高质量地完成任务，因此会把它分配给最佳人选。然而，任务完成后，你对员工的表扬或奖励也可能变成习惯而不是激励。

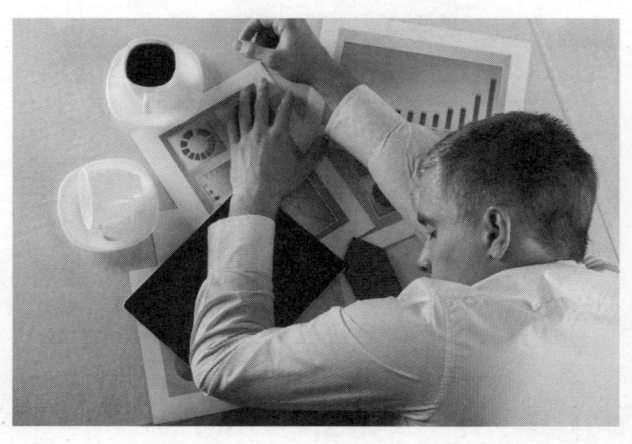

确保你始终在发展你的团队，否则即使是"同级调岗"也会变得更有吸引力。

知识简介

麦克雷戈的 Y 理论认为，人们乐意工作，是因为他们通过做出贡献、运用并发展他们的技能而获得成就感。如果你不断地培养你授权任务的人，那么你的任务将会持续地以一定的质量完成。然后，他们将能够指导新人做相同的任务，与此同时，他们也发展了自己的指导技能。如果他们在工作过程中遇到了挑战，他们将不断地采用新方法。

试着做

1.如果你能抽调出一些员工，让你的专家型员工来指导经验不足的团队成员，这意味着你在未来分派任务时有更多的选择余地。另外，你可以将专家型员工培养成导师，下次可分配给他们不同的任务，这样做能发展他们的技能。

2. 专家型员工可能听惯了溢美之词，但你还是要向他们解释为什么要再次分配给他们这项特定任务，并询问他们下次想发展什么技能。

3. 确保你要寻找并利用机会来发展你的团队。

4. 运用培训需求分析法（TNA）来建立团队的技能档案：

姓名	TNA 技能	要求的新技能	可能的发展

思考

· 你得到了什么启示？

· 你下次会如何做？

参考文献

Adams, S.（2011）Boring jobs lead to burnout, *The Telegraph*, 26 June, 见网址：http://www.telegraph.co.uk/news/health/8599684/Boring-jobs-lead-to-burn-out.html（于 2015 年 7 月检索）

Gordon, J.（2012）Emily Watson, why the actress signed her latest role, *The Daily Mail*, 9 January, 见网址：http://www.dailymail.co.uk/home/you/article-2081772/Emily-Watson-Why-actress-signed-latest-role.html（于 2015 年 8 月检索）

McGregor, D.（1966）*The Human Side of Enterprise*. New York, NY: McGraw-Hill.

NHS Choices（2015）*Repetitive Strain Injury*, NHS Choices Website, 见网址：http://www.nhs.uk/Conditions/Repetitivestrain-injury/Pages/Introduction.aspx（于 2015 年 7 月检索）

2.4 处理争议和问题

"不要总是纠结于事物的表面……在时间和环境允许的范围内，要深入了解事物的本质，特别是那些与你的职业相关的事情。"

——伊萨克·华滋（Isaac Watts, 2010）

为什么

争议总会产生，首先你要提醒团队，你们的目标是完成任务。然而，

积极的工作环境总是能提高绩效，因为在这样的环境中，人们的精力和注意力不会分散在对其他员工的抱怨上。如果你发现有争议产生，或者某个团队成员引起了你的注意，虽然公开处理它们比较敏感，但你还是要这么做，因为当争议恶化时，你可能就无法通过谈话处理它们了。切记一点，如果某些事情已经恶化到了引起你注意的程度，那么你不仅需要马上解决它，还必须防止它在未来再次发生。这意味着你要追根溯源，标本兼治。

知识简介

兰西奥尼指出了团队协作的五大障碍，它们是：（1）无视结果；（2）逃避责任；（3）缺乏投入；（4）害怕冲突；（5）缺乏信任。此外，对这些障碍的感知可能与现实一样具有破坏性。

当争议或问题引起你的关注时，你首先要考虑你是否应为上述的任何障碍负责，或者别人是否认为你应该负责。心理契约发挥的作用是，任何违约都可能导致员工流失率提高和生产率降低。当你没有遵守诺言，特别是没有任何解释时，或者你的行为造就了不信任或缺乏赏识的氛围时，即使是无意之举，你也必须解决问题，并采取措施消除不良影响。

但是，如果争议或问题与你无关，要记住，将问题上报的人可能觉得自己被剥夺了权力，因为他们不得不将控制权交给其他人，或者他们可能觉得自己无法控制局面。在解决问题时，同样重要的是要修复流程，以免以后出现同样的问题，而且要确保将权力（可能是权限）交还给上报问题的人。

在商业环境中，争议或问题的"根源"常在于上述的五种功能性障碍。调查问题的潜在原因并从根本上加以解决，这样可以避免问题重复发生。检查你的团队行为是否导致了上述五种功能性障碍，确定团队需要哪些技能、知识和权限才能在未来解决类似的问题。

试着做

1. 记下上报的争议或问题，因为它们可能引导你去解决更大的组织问题。如果是这种情况，请确保标本兼治，或者至少让你的上司注意到这些问题。

2. 记下上报问题或争议的人无法自行处理它们的原因，并确定下次处理类似问题时需要哪些知识、技能或权限。

3. 为他们提供下次处理问题时所需的知识、技能或权限，而且当他们自行处理了问题时，别忘了赞扬他们。

4. 监控任何问题的复发情况。

5. 甚至可运用上述步骤来解决你觉得无法处理的争议或问题。

思考

· 你得到了什么启示？

· 你下次会如何做？

参考文献

Conway, N. and Briner, R.B. (2005) *Understanding Psychological Contracts at Work: A Critical Evaluation of Theory and Research*. Oxford: Oxford University Press.

Lencioni, P.M. (2002) *The Five Dysfunctions of a Team: A Leadership Fable*. Chichester: John Wiley & Sons.

Watts, I. (2010) *The Improvement of the Mind; or, a Supplement to the Art of Logic in Two Parts*, by Isaac Watts, D.D. Also his Posthumous Works, Published from His Manuscript, by D Jennings, D.D. and P. Doddridge, D.D. Gale Ecco, Print Editions.

2.5 挑战感知到的偏袒或歧视

"即使是耶稣也有自己喜欢的人（或物）。"

——斯蒂芬·阿斯玛（Stephen Asma，2012）

为什么

偏袒及与之对立的歧视值得引起警惕，因为人们很容易在不知不觉中做出偏袒或歧视的行为。感知到偏袒，实际上是感知到了不公平，这会导致团队内部的不和谐，会对沟通渠道产生很大的影响。因为那些觉

得失宠的人可能会故意在你背后传播或隐瞒信息，他们并非出于恶意，而只是习惯使然。这不仅会对生产率产生不利的影响，而且会导致团队中的关键成员因工作氛围糟糕而走人。

知识简介

尽管法律明文禁止歧视，但人们可能存在偏见，并且会在无意中表现出来。菲斯克和泰勒曾说过，人类是"认知的吝啬鬼"。为了使我们的思维过程更加高效，我们会把人划分开来，偏见和相对次要的刻板印象帮助我们做到了这一点。虽然你可能对团队中某个身处困境的成员的同情更甚于另一个，但你可能会对他们同时表现出偏袒和歧视。这并不必然与团队成员的种族或性别有关，但可能与他们的职业道德、态度、性格特征或其他不明显的方面有关。虽然你可以称之为"自由裁量权"，但这样的行为可能是极为错误的。

试着做

1. 要清楚这一点：尽管你对某些成员持同情态度，但违反政策对团队的其他成员是不公平的。

2. 注意你与团队的关系和你对团队的反应。如果你对团队中的某个人有更积极或更消极的感觉，那么，你就有可能在某些时候表现出偏袒或歧视。

3. 尽量让你的判断客观，证据对你大有裨益。如果你的下属与你存在工作之外的关系，那么在做出决策时一定要以确凿的事实为依据。

4. 如果你确实觉得自己偏爱团队中的某个人（或者你可能特别歧视某个人），请反思原因何在。如果这是可以改变的，比如他们的职业道德，那就与他们当面讨论你希望看到的改变。如果这无济于事，那就根据既定政策启动调查程序吧（尽管你可能想先征求其他经理人的意见，以证实你的行为没有偏见）。

思考

· 你得到了什么启示？

· 你下次会如何做？

参考文献

Asma, S.T. (2012) *Against Fairness*. Chicago, IL: University of Chicago Press.

Fiske, S.T. and Taylor, S.E. (1991) *Social Cognition*, 2nd edn. New York, NY: McGraw-Hill.

2.6 对所有人运用 360 度反馈法

"行为是展示每个人形象的一面镜子。"

——约翰·沃尔夫冈·冯·歌德（Johann Wolfgang von Goethe），
引自科里卡（Corica, 2014）

为什么

评估是一种肯定团队成就、了解团队发展目标的好方法。评估也是一个非正式的处理任何问题的好时机，这些问题可能会造成日后工作上的麻烦。评估还是整理证据档案的一个好理由，它能帮助你的团队成员完成职业生涯的其他步骤。对于某些专业人士而言，如需要定期重新注册的医生，评估是必不可少的。然而，团队中的许多人（如果不是全部的话）却不这么认为。虽然评估是给予表扬和获得表扬的机会，但员工往往害怕遭受批评，通常将其视为负面的反馈而非发展的机会。

360 度反馈

如果你不信任评估系统，那么就采取措施更改它。"在方框内打勾"的做法是在浪费每个人的时间。

如果你相信评估系统，那么为了证明这一点，请你的团队运用该系统对你进行评估，让他们亲眼目睹你如何从他们的批评中学习和发展，你如何对待他们的溢美之词。

知识简介

《华盛顿邮报》（*The Washington Post*）刊发了堪萨斯州立大学的一项研究成果。该研究发现："基本上每个人都讨厌绩效评估"。卡伯特森等人认为，这一结论是正确的，即使对那些"喜欢学习"的人也是如此。甚至连表扬也是相对的，将努力工作的员工评为 4 星而非 5 星时，他们也会很失望。人人都讨厌绩效评估，但评估仍然是组织实践的主要内容。

没有任何形式的基准，进步就会变得无法衡量，赞扬也就变得毫无意义。因此，除非可以开发另一种形式的绩效评估，否则评估将会继续存在。实际上，出色的评估不仅仅是评几颗星的问题。就像人们教导孩子们要超越他们的成绩等级一样，团队也是如此。观察学习是社会学习理论是最有效的学习形式之一。如果你的团队看到你欣然接受评估结果并从中学习，他们就不会那么愤世嫉俗了，甚至可能会期待对自己的评估。

试着做

1. 解释评估过程背后的原因。

2. 解释评估过程的重要性，而不是"打勾"或"评分"。

3. 鼓励你的团队实事求是地评价你。

4. 鼓励你的团队寻求他人的反馈，并与自评相结合。

5. 鼓励你的团队始终以证据支持他们的评价（这会形成良好的评估实践，收集证据也有助于展现职业发展。）

6. 展示你从批评中学习到的东西，以及你对表扬的感谢。

7. 让你的团队反思这项练习，以及它将如何帮助他们自我评估。

思考

· 你得到了什么启示？

· 你下次会如何做？

参考文献

Bandura, A.（1977）*Social Learning Theory*. Englewood Cliffs, NJ: Prentice Hall.

Corica, L.（2014）*Making Changes Easily*. Bloomington, IN: Balboa Press.

Culbertson S.S., Henning, J.B. and Payne, S.C.（2013）Performance appraisal satisfaction: the role of feedbackand goal orientation, *Journal of Personnel Psychology*, 12（4）, 189–195.

McGregor, J.（2014）Every single person hates performance reviews, *The Washington Post*, 27 January, 见网址：http://www.washingtonpost.com/blogs/on-leadership/wp/2014/01/27/study-finds-that-basically-every-singleperson-hates-performance-reviews/（于 2015 年 7 月检索）

2.7 "我" 在团队中

"如果你发现一个比你更优秀的人，立即雇用他。必要时，付给他比自己还高的薪水。"

——大卫·奥格威（David Ogilvy，2012）

为什么

管理团队时，你首要的责任是发展团队，而非直接参与具体的工作。当然，你应当知道如何做这项工作，而且在需要时你应当毫不犹豫地参与，但是，当工作由你独自完成时，员工就无法从中学习了。一旦你将任务分派给团队，你就要让团队来完成这项工作。你可以适时地参与一下，但要把握好度。你要监督工作进展，而且团队成员要对自己的成长有信心。当他们犹豫不决时，你要找到对他们授权赋能的方法，而不是

提供建议。当你的团队提出了改进当前方法的建议时，你要将这些建议运用于实践，而且，当改进有效时，要承认他们做出的贡献。即使他们提出的想法没有什么实效，这样做也有助于发展团队成员的能力，而且能够增强团队的忠诚度。通过授权团队，你可以把注意力放到发展你自己和你所扮演的角色上。

知识简介

《福布斯杂志》（*Forbes Magazine*）的一篇文章指出"经理人必须是领导者"。这是因为，你需要在团队内部建立信任并激励人们实现目标，而且你还有责任推动你的组织不断向前发展。作为一名经理人，你能够影响组织愿景，并为组织的成长做出贡献。但是，只有你部门的人都在高效工作时，你才能实现这些目标。因此，你的团队能够自信地完成任务，这一点至关重要。

你必须关注"大局"，这意味着你要抓住成长机会。在瞬息万变的商业世界中，通行的理念已经不再是"你越忠诚，你的回报越高"了，而是"你的技能越重要，你的要价就越高"（如果你愿意，可以称之为"足球模式"[1]），你有责任使你的团队成员得到有益的个人和专业发展。

---

1. 足球运动员的身价很高，但我们通常愿意为这类技能支付高价。（Secret Footballer,2014）

试着做

1. 一旦你的团队能够完成任务，你就不用事无巨细地管理他们了。请记住，你的工作是"让他人完成任务"，而不是"自己去完成任务"（参见 1.1 节）。

2. 不要害怕向你的团队学习。认可人才，并尽可能地量才而用，让他们完成有回报的工作。记住，如果你压制团队人才，你和你的部门就只能达到与你的技能水平相同的高度。

3. 熟悉组织的发展计划，确定完成组织计划所需的技能。

4. 培训你自己和你的团队，作为持续专业进修培训的一部分。

5. 对不断变化的宏观环境保持浓厚的兴趣。每年进行一次 SWOT（优势、劣势、机遇和威胁）分析，了解相关的潜在变化。

6. 通过向团队成员传达愿景、使命或方向的变化来展现企业的社会责任，这样他们也会积极地调整其职业发展方向。

记住，"团队"就是：

T 任务第一

E 通过发展和培训为员工赋能

A 通过经济或其他方式认可成功

M 监控和应对变化

正如企业家理查德·布兰森在维珍网（Virgin website）上所说："给员工足够好的培训，让他们可以离开；给员工足够好的待遇，让他们不想离开。"

思考

- 你得到了什么启示？

- 你下次会如何做？

参考文献

Branson, R.（2014）Look after your staff. 见网址：http://www.virgin.com/richard-branson/look-after-your-staff.

Ogilvy, D.（2012）*The Unpublished David Ogilvy*. London: Profile Books.

Morgan, J.（2015）Why all managers must be leaders, *Forbes*, 21, January, 见网址：http://www.forbes.com/sites/~jacobmorgan/2015/01/21/why-all-managers-must-be-leaders/（于 2015 年 7 月检索）

The Secret Footballer（2014）*The Secret Footballer's Guide to the Modern Game*.Croydon: CPI Group（UK）Ltd.

第 **3** 章

发展员工

3.1 员工是最佳的投资

在你的员工开始工作之前，你已经对他们进行了投资。这笔投资会获得丰厚的回报还是有去无回，要视你在招聘、保留和培养员工方面的情况而定。明智的招聘不仅仅是为了有效地填补你的技能缺口，也是为了找到那些契合组织文化和愿景的人。对于雄心勃勃的员工而言，招聘程序就会给他们留下深刻的印象，新员工适应新环境的轻松程度（以及老员工对公司的尊重程度）本身就能体现出组织自身的优势。这些都是非常重要但常被忽视的因素，它们影响着新员工对组织的看法，进而影响着组织的业绩。

照着做

请记住，员工就是一种投资。问问自己在购买新手机时会做多少研究，在招募新员工时，至少要做同等程度的研究。

3.2 将教练作为一种管理工具

私人教练源于最初的交通术语"马车"，是指将某人从一个地方带至另一个地方，帮助其"前进或创造变化"。教练通过"结构化的谈话"进行指导，谈话的结构由教练决定和塑造，教练为受训者提供时间和空间来关注他们的情况，探索可能遇到的问题，并形成他们自己的解决方案。教练谈话的结果通常包括：以某种方式提高受训者的思考、学习和行动能力，使他们能在未来面对类似情形时做出更好的选择。因此，这样的指导是一种赋能的形式。

然而，许多经理人不知道该怎么做。当员工寻求建议时，他们往往直接给出答案，而不是运用结构化的提问启发员工自己找到解决方案。在没有时间讨论的情况下，指导当然是不合适的，但是，当经理人能熟练地运用指导问题时，员工自然就不会频繁地寻求直接的建议了，因为他们锻炼了这种能力，能熟练地回答自己的诸多问题。

教练式领导也表明你重视团队所说的话，因为你已经询问过他们什么才是合适的做法。你已经认可了他们回答自己所提问题的能力。指导是使用结构化的提问，通常有模式可遵循。后面的详解部分会提供一些问题的例子，你可以用来指导你的员工。

照着做

　　问问自己，当团队成员寻求你的帮助时，你会如何做？如果答案是"告诉他们做什么"或者"让他们自己解决"，那么请直接跳到 3.2 节，完成有关指导问题的练习。

3.3 让评估发挥作用

　　评估起初是组织控制的一种形式，是一种证明劳动力成本和削减成本的手段。因此，无论是晋升还是解雇员工，评估都是有益的工具。然而，劳动力的管理以及劳动力本身，现在变得更加复杂，不再需要在某个领域高度专业化了，这也许有点令人遗憾。现在，对劳动力而言，更加重要的是具备能适应工种内部变化的可转移技能。随着工作越来越以客户为中心，大多数工作的个人技能与实践技能变得一样重要了。因此，除了在非常特殊的情况下，最好雇佣具有全面潜能的员工，开发其潜力，而不是寻找一个在某个领域具有较高技能却无提升空间的员工。

　　因此，如果管理得当（即为评估做好了准备并实施——参见 2.6 节），评估是一种宝贵的学习工具，也是认可成绩和讨论问题的机会。评估不是目的，而是监测持续进展的一种方式。然而，这也是许多管理者经常忽略的一点。

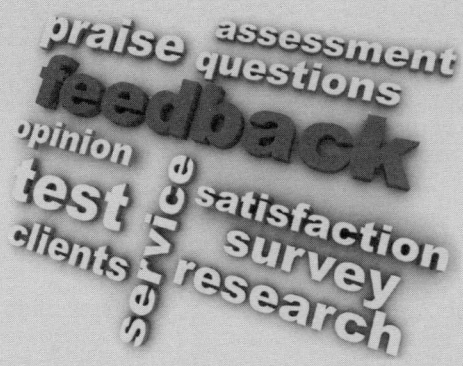

照着做

　　检查你的评估表格，是否含有表扬的部分？如果没有，就增加一个，看看能否将其作为标准内容。

3.4 利用好 TNA

　　商务中需要完成大量的文书工作，这通常是因为有必要证明一切，如果没有单据、文书，做事就没有依据。不幸的是，填写表格不是因为其用途大，而通常是因为这样做是按部就班、理所当然的事情。为了证明对员工发展的投资，大多数组织需要 TNA（培训需求分析），通过这一分析来确定员工具备哪些技能，认及想要发展哪些技能。然而，光有文书是不够的，TNA 必须用于评估和持续的职业发展，而不是放在员工的档案中作为检查表使用。"证明"意味着"展示证据或事实"，而不仅仅是用文书来代替口头上的漂亮话。

照着做

　　你见过团队的 TNA 吗？找到它，更新并运用它，赞扬员工展现出的技能，并找到方法来发展员工想提高的技能。

3.5 培训你的团队

培训目标及内容必须与组织战略保持一致，并为个人提供有益的发展机会。此外，所有培训都要展现出投资的回报，无论是以绩效、财务周转率的形式，还是以人才保留率的形式。这就提出了一个问题：员工应该在内部还是在外部接受培训？前者能使培训结果与组织目标实现精准的匹配，但后者能够为员工量身定制培训内容，并能经常提供一些促进团队成员职业发展的其他内容。还要记住，如果你的培训团队不总是提供培训，那么内训的投资会非常高。

由于提供的课程繁多，经理人有时会忘了培训需求是相关的，并且在工作领域内要有明显的效果。另外，你的团队要能立即运用培训中所学到的内容，否则学到的技能就会被遗忘。为了保证你的部门在培训期间能以更少的员工保持运转，你还应该计划好培训，并将其纳入工作日。

照着做

确定你的团队中哪些人近期参加过培训。下次召开例会时询问他们学到了什么知识，以及如何运用它们。

3.6 借调的好处

　　每个人的工作方式都有差异，借调是从其他部门学习的一种方式。工作人员能利用借调期间所学的知识来改进本部门的做法，或者，他们也可以在借调期间将本部门的工作程序运用于其他部门，从而证实本部门的效率最高！体验不同的组织文化和工作岗位有利于员工的成长，而且他们会发现，借调对他们的个人职业发展特别有益。从大局来看，如果你的团队中有人最终升了职，如果他没有留在你的部门，那他至少还留在你的组织内。

照着做

　　了解你的组织内存在哪些借调机会，并告知你的团队成员。

3.7 提问，不要假设（2）

由于双方假设的恶性循环，问题常常得不到解决。

1. 团队认为经理人太忙或者太无能，以至于无法做出改变，因此他们什么都不说。

2. 由于没人说什么，经理人认为不存在任何错误或问题。

3. 如果团队提出问题往往得不到解决方案，这可能是因为团队没有想到解决方案，或者认为他们的解决方案不会被认可，或者认为经理人会接受这个主意并去邀功。

4. 由于没有解决方案，此时的经理人可能会认为团队无计可施，因此会实施自己的想法，从经理人的角度来看可能是优秀的解决方案，但从团队的角度来看可能不是。

5. 团队认为经理人不称职。

（返回至 1）

照着做

　　请你的团队为他们提出的问题提供解决方案，因为他们最清楚什么方法行之有效。如果他们的解决方案无法实现，请解释背后的原因。与团队保持顺畅的沟通至关重要，因为假设不仅会导致混乱，还会导致孤立或沉默。

详解

3.1 员工是最佳的投资

"最近有人问我，是否会解雇一个犯了错误并给公司造成 60 万美元损失的员工。我回答，不，我刚花了 60 万美元培训他，为什么要别人因为他的这次经验而雇佣他呢？"

——托马斯·约翰·沃森（Thomas John Watson），
引自德尼斯（DeNisi）和格里芬（Griffin）（2015）

为什么

避免频繁的人员更替。这会影响生产力，会让人失去动力并且非常耗时。面试和正式上岗前花费的时间越多，花在工作上的时间就越少。对你的团队而言，走马灯似地换人会导致士气低落，尚在职的员工可能会在心里盘算：自己是否应该留下来。

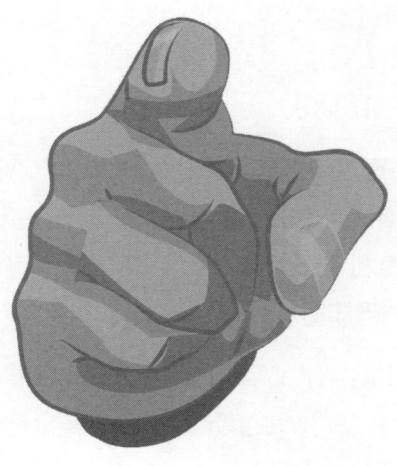

专注于保留率。能否留住人才要看员工的个人需求、组织的要求（和奖励）及其一致性，还要看职业发展和人际关系的处理。你的团队如何看待你对他们以及同事的态度也会影响人才保留率，团队中有实力的成员比其他人更有可能另谋高就。招聘和保留人才的行为均会影响业绩。

利用好就职仪式。一旦你招募了新员工，就职仪式不仅是让他们尽快启动工作和步入正轨的必要条件，而且也能让他们感到受欢迎并融入团队。新员工就职之后，你要一直支持他们，关注他们的需求，这样做不仅仅是为了他们的利益，也是为了团队的整体利益。

知识简介

招聘的平均成本约为 3 万英镑，其中包括"产出损失"（员工离职）和"招募和吸收"（新员工）的成本。新员工达到最佳工作状态大约需要 6 个月的时间，至少在这个阶段你必须努力留住他们。如果他们很出色，你更要这么做。

员工是否留在你的团队，既取决于他们的个人动机以及他们与组织的关系，也取决于你。老话说得好："员工不是要离开他们的工作，而是要离开他们的经理人"。员工离开的原因可能有很多——比如缺乏对经理人领导能力的信任；人格冲突；感觉违背了心理契约；甚至是因为看到了团队中其他人的待遇比自己高而心生怨念等。

"蜜月期"（试用期）

"试用期"或"蜜月期"的真相。雇佣合同中通常订立了试用期条款，但它们的法律地位并不高，因此雇主能否从中得到什么好处是值得怀疑的。但对雇主有利的一点是，在试用期内，终止雇佣关系的通知期要比正常雇佣期内的通知期短。

一些组织可能也制定了试用期内解雇员工的程序。然而，法定就业权利的年限是从员工开始就业算起的，无论是否在合同上称为"试用期"，即使是假期和生病期间也包括在内。

除非员工已在组织内工作满两年，否则不能要求"不公平解雇"的权利。例如，如果一名员工希望就"因歧视而遭到不公平解雇"提起诉讼，其案件会被划归为"歧视"类案件。更多的免责事由，请参见"契约法律网"（Compact Law Website），网址为：

www.compactlaw.co.uk/free-legalinformation/employment-law/exceptions-for-unfair-dismissal.html

试着做

1. 从一开始就要知道你寻找的是什么样的人才。如果职位描述需要修改，以便找到更适合组织目标的人，那么请抓住机会进行修改。

2. 预定场地，通知招聘人员。如果要给应聘者打分，请确保每个人都知道如何填写招聘表格。

3.认真对待招聘流程。你不仅要考虑应聘者是否有合适的技能，还要考虑他们的个性是否契合团队。

4.考虑设立一个评估日，面试是其中的一部分。这样做可以更好地了解每一位应聘者的整体表现。

5.记得要让你的应聘者说话。经理人经常自问自答，然后自以为面试很完美，但事实并非如此。

6.永远不要忘了招聘是可审核的——不要写不规矩的缩略词，例如 NL（美腿）。

7.不要做出你无法实现或无权兑现的承诺。

8.确保善待你的离职员工，因为这将充分显示你会如何对待新员工。

9.确保有一套促使员工进步和发展并奖励员工的方法。

思考

- 你得到了什么启示？

（留白框）

- 你下次会如何做？

（留白框）

参考文献

DeNisi, A. and Griffin, R.（2015）*HR3: Human Resources*. Andover: Cengage Learning.

HR Review（2014）It costs over 30k to replace a staff member, *HR Review*, 25 February，见网址：

http://www.hrreview.co.uk/hr-news/recruitment/it-costs-over-30k-to-replace-a-staff-member/50677（于 2015 年 7 月检索）

3.2 将教练作为一种管理工具

"在工作中，指导能让事情变得更好。它发展了人类组织，提高了个人和组织的耐久性。"

——鲁思·梅茨（Ruth Metz，2011）

为什么

指导不只是提供各种建议，它还能为员工授权赋能。在安全的环境下询问员工的意见时，他们会说出肺腑之言。如果他们的回答表明需要培训，你可以在当时纠正他们，并确保他们会获得所需要的帮助。他们的想法往往是有价值的，而且与你的不同，因此，指导也给了你学习的机会。指导能促进个人发展，从而有助于保留员工。同时，指导还有利于招募员工并促使员工做出积极的表现。它既是一种支持员工的方式，也是一种管理风格。

知识简介

多年来，教练行业不断发展壮大。2009 年，英国特许人事与发展协会（CIPD）的一项调查发现："指导是组织内最高效的人才管理活动"。而国际教练联合会（ICF）的一项调查发现，指导能提高员工的自信心、沟通能力、人际交往技巧、工作表现和关系。

在赫西的情境领导网格中，指导属于第二象限，这正是在商业中使用这一术语容易引起混淆的地方。在情境领导网格中，该术语指的是体育教练。体育中的指导（该词最初源于体育领域）比商业或个人发展中的指导更具有指令性。然而，本章运用该词以及作者提倡在职场中使用该词时，更多地指"生活指导"，即指导一词演进后的定义。

教练（或教练经理）运用一系列问题来帮助受训者（或团队成员）探索他们对形势的看法，以便受训者 / 团队成员形成自己的解决方案。这一点很重要，因为这意味着他们也更有可能采取行动实施这些方案。

当教练式领导成为一种管理风格时，你就会创造出一种教练文化，这种文化反过来又会鼓励你的员工去指导初级团队成员。所有这一切都不需要花费额外的培训费用。

试着做

指导的最佳实施方法有以下两种：

1. 主管指导——外部教练

- 直线经理推荐 / 自荐（直线经理认识）。

- 或私人客户。

- 在 3~6 个月的时间内安排 4~6 次系列训练。★

- 当教练由直线经理推荐时，在第 3 次和第 6 次训练结束后，教练要与直线经理一起进行考核总结；当教练为私人客户时，考核过程将在教练和受训者之间进行，直线经理不参与。

2. 管理培训——内部教练

- 通过 ICF（国际教练联合会）认可的课程培训领导者和经理人。

- 领导者和经理人贯彻教练文化，他们的团队也会理所当然地指导其他人。

运用下面的指导模型（注意：类似的模型有很多，这是作者使用的两种模型）进行练习：

- CIGAR

CIGAR 的各个字母分别代表现实、理想的位置、（现实和理想之间的）差距、可采取的行动和回顾（对所采取的行动的反思）。

- GROW

GROW 的各个字母分别代表目标、现实、你可以选择的方案和你遵循这些方案的意愿。

下面表格的第二列描述了你需要提出的问题的类型。弄清楚了前面的问题后，可继续探索后面的问题。

以 GROW 模型为例：

你可能会问的问题

G	目标	你希望的情形是什么样的？
R	现实	你如何描述当前的情形？ X 会如何描述当前的情形？
O	选择	怎样才能缩小差距？ 你向谁求助过？
W	意愿	你能向谁求助？ 在 1～10 分的范围内，你有多大的可能遵循这一行动方案？

关于 GROW 模型的更多信息，请参见约翰·惠特默（John Whitmore）《高绩效教练》（Coaching for Performance）一书（尼古拉斯·布莱雷出版社 2009 年出版）

提示:

　　• 　当分值为 7 或低于 7 时，要向对方提出这一问题："怎样才能使分值变成 8？"。

　　• 　当对方说"我不知道"时，你可以这样回答："尽可能地想象一下。"

　　• 　这么做的原因是，人们经常练习社会需要的答案，而这些回答表明，他们的想法虽未成型，却是他们的真实想法，对这些想法的挖掘能帮助他们更好地前进。

　　• 　注意训练需要时间，因此不一定适合所有的情形。

　　★训练要在有限的时间内完成，因为它意味着工作问题要快速得到解决，而且课程都是要有意义的。

思考

• 　你得到了什么启示？

• 　你下次会如何做？

参考文献

CIPD（2009）Taking the temperature of coaching, summer 2009 hot topic, 见网址：www.cipd.co.uk/NR/rdonlyres/E27F313C-FFBC-466F-84D8-A240893A2A22/0/Taking_temperature_coaching.pdf（于2015年7月检索）

Hersey, P.（1984）*The Situational Leader: The Other 59 Minutes*. New York, NY: Warner Books.

ICF（2009）ICF Global Coaching Client Study, 见网址：http://coachfederation.org/about/landing.cfm?ItemNumber=830（于2015年7月检索）

Metz, R.F.（2011）*Coaching in the Library: A Management Strategy for Achieving Excellence*. Chicago, IL: American Library Association.

NHS Leadership Academy（2014）, Embedding a Coaching Culture in the NHS, 见网址：www.nwacademy.nhs.uk/sites/default/files/leader-june-2015.pdf（于2016年1月检索）

Starr, J.（2011）*The Coaching Manual*. Harlow: Pearson Education.

3.3 让评估发挥作用

"我感兴趣的不是新闻，而是评价。我想了解的是一个人的气质，他的本质，他的影响，他所代表的事物，他的信仰，以及是什么造就了他现在的样子，他又给他那个时代带来了什么影响。"

——约翰·根室（John Gunther），引自佐尔纳（Zoellner，2007）

为什么

评估是你与团队直接对话的机会。通过评估，你可以更全面地了解他们的职业目标，并判断这些目标是否与组织目标一致。这不是一个隐蔽的过程，而是一个公开讨论你的员工希望如何发展的机会，事实上，也是公开讨论你的组织能否给予员工支持的机会。利用评估机会提出各种疑虑，当然也要提出表扬，二者都要以证据为基础。

你的员工必须明白，评估结果不一定是"真理"，而是受访者对于他们的看法的讨论。通过别人的眼睛看自己，能获得发人深省的强大见解。了解了这些，你就可以邀请他们改变或者接受某些观念了。

　　许多组织都会进行预估，从而为正式的评估做准备，要确保你的团队做好了准备。如果你重视这项工作，你的团队也会重视。

知识简介

　　由于面对面交流的时间较少，评估可能成为再次讨论、重申关系以及调整目标和专业方向的好机会。

　　"约哈里之窗"（Johari Window）是组织可运用的一种评估形式，即通过讨论自己、他人或者双方都知道的事情揭示出"盲区"，让你（或者你评估的人）有机会来反思所获得的见解。

评估也能形成重要的证据，证明你的团队成员得到了所需的支持，不会因为年龄、残疾或任何其他因素而处于不利地位。评估过程中提出的问题必须予以记录和处理。

试着做

确保你成为一名合格的评估人！

1. 规划好每一次评估——你要清楚你想得到员工的哪些信息。

2. 完成非正式的评估，并有证据支持所有观点。（证据可来自客户反馈、观察、同事的报告等。）

3. 给员工留出准备时间。确保至少提前一周通知他们评估的时间和日期，尽量不要更改，除非迫不得已。

4. 如果你不得不取消或推迟评估，你必须向员工道歉。他们可能会感到紧张，而且可能已经做好了准备。

5. 留出时间在一个私人的房间里进行评估，不要受打扰。（注意，不一定非要在你的办公室，因为这会让人心生畏惧。记住，评估既是讨论，也是总结。）

6. 如果你必须提出一个问题，仅摆出这个问题的事实，并让你的员工谈谈他们对该问题的看法。

7. 在评估过程中倾听员工们的意见，使用 3.2 节中的指导技巧来探讨相关的问题。

8. 专注于未来，但不要忽视过去，因为这可能会让员工有被低估的感觉，尤其是当他们想要讨论某些事情的时候。

9. 根据 SMART 目标原则对行动计划达成一致。目标不要超过三个，否则不易管理。

10. 约定好检查的时间和日期。

11. 你甚至可以问你的团队，他们觉得做什么能让评估更有成效？如果你的评估安排得当，你的团队会积极地看待它们，并可能更愿意将评估作为一种发展工具。

12. 如果你需要个人沟通技巧方面的支持（例如眼神交流、真诚、清晰的发声），请在评估之前寻求帮助。

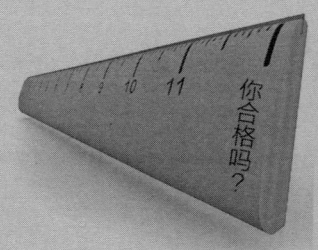

思考

· 你得到了什么启示？

· 你下次会如何做？

参考文献

Luft, J. and Ingham, H. (1955) The Johari Window, a graphic model of interpersonal awareness, in *Proceedings of the Western Training Laboratory in Group Development*. Los Angeles, CA: University of California.

Zoellner, T. (2007) *Homemade Biography: How to Collect, Record, and Tell the Life Story of Someone You Love*. New York, NY: Griffin.

3.4 利用好 TNA

"仅仅知道是不够的，我们必须去实践；单纯的希望是不够的，我们必须去行动。"

——约翰·沃尔夫冈·冯·歌德（Johann Wolfgang von Goethe）

为什么

TNA 可能是就职或评估过程的一部分，并且通常被视为"另一项填表格练习"。因此，完成 TNA 后，它就被束之高阁或者变成电子表格的一部分，以确保完成了这一分析的员工按要求接受了相关培训。除此之外，它通常没有什么其他用途了，但这并不妨碍它成为一份冗长的文件，需要经理人和员工花较长的时间去完成。如评估一样，利用好 TNA 至关重要。在大多数的文书工作中，如果完成它需要占用你"真正"的工作时间，那么它就应该是有价值的，而不仅仅是在表格上打勾。

知识简介

麦克·科雷在《建筑师还是蜜蜂？》（*Architect or Bee?*）一书中提出，虽然设计界引入计算机的初衷是让建筑师获得更多的创造自由（像蜜蜂一样），结果不幸导致"自由"的思维空间被程序占用了，因为建筑师要使用计算机，首先必须学习新的系统。然而，一旦掌握了这些程序，技术对设计的帮助就是超乎想象的。TNA 和经理人的关系就相当于计算机和建筑师的关系，它需要做额外的工作。

然而，如果 TNA 被用作工作履历或者发展计划，那么当你的团队（或部门）获得新的资质以及希望取得进步时，它就成了一个可被参照和更新的文件。

它就是每一次评估的成绩清单，以书面形式提醒了个人、专业和部门取得的进步。当你的团队成员准备晋升或者继续前行（或两者兼而有之）时，它能为新的简历提供依据。

试着做

1. 确保你的组织的 TNA 不只是在方框中勾出员工应该具备的技能；允许团队成员有评论他们能力的空间。

2. 确保有办法要求在某些领域获得进一步的培训。

3. 阅读 TNA，并且要求员工在培训时使用它。

4. 保留 TNA，将其作为评估过程的一部分，例如作为目标和衡量持续进步的指标。

思考

· 你得到了什么启示？

· 你下次会如何做？

参考文献

Cooley, M.（1982）*Architect or Bee?The Human/technology-Relationship*. Boston, MA: South End Press.

Goethe, J.W.（n.d.）quoted in Purnell, L.D.（2012）*Transcultural Health Care: A Culturally Competent Approach*. Philadelphia, PA: FA Davis Publishing.

3.5 培训你的团队

"优秀是一种通过训练和习惯获得的艺术。仅有美德，我们不一定是优秀之人，但如果我们勤奋训练，我们就一定可以变得优秀。我们反复做的事造就了我们。因此，优秀不是一种行为，而是一种习惯。"

——亚里士多德（Aristotle）

为什么

培训通常被视为组织内的"穷亲戚"。员工们因不得不参加强制性培训而感到痛苦，经理人们则很不情愿地将其视为完成员工评估的必要之举。随着网络学习的兴起，再加上公司内部员工除了从事本职工作之外还会参加其他的培训课程，培训的价值被忽视就没什么可奇怪的了。当培训师可能缺乏必要的技能，并且培训的质量有问题时，"培训就是在浪费时间"的论调就随之产生了。

知识简介

埃森哲（Accenture）将培训视为保留员工和提高业绩的手段。万瑟诺特等人研究了该公司这一做法的投资回报。埃森哲没有为了削减成本而减少培训预算，而是投入了更多的资金进行培训。结果发现，埃森哲的员工对培训很感兴趣，他们为公司服务的时间延长了。这说明培训鼓励了人们加入组织并把他们学到的知识付诸实践。此外，埃森哲的内部学习和开发团队还可以外包，这样他们可以将具备的技能应用于其他地方，从而为组织带来经济利益。"埃森哲在学习上每投入 1 美元，就会获得 3.25 美元的可计量价值，也就是说，该公司的学习投资回报率为325%。"

如果组织的目标得到了支持，并且员工能将所学的知识付诸实践，培训的寿命就会延长。培训，如果做得好，可以成为组织在经济上最可行、最有价值的资源之一，因为员工所学到的知识可直接转化为组织的绩效，而且良好的内部培训甚至可以外包。

试着做

1. 利用 TNA 和评估开发结果来获取对员工有益的培训。

2. 如果组织内没有专设相应的培训部门，就请采购部门了解组织与哪个供应商之前存在培训关系。（这样做可以节省成本。）

3. 确保你的培训要求符合组织的发展目标。

4. 要求员工汇报他们在培训期间学到的知识。

5. 确保所学的知识可在部门内应用。

6. 运用柯克帕特里克（Kirkpatrick）及柯式评估模型来评估投资回报。模型涉及：

（1）对培训的反应。培训结束之际，让受训者填写反馈表。许多学习和发展部门的人认为，若参与培训的人玩得开心，他们很可能会对所有的内容做出"好评"。

（2）学习的效果。可以通过总结性评价来衡量。

（3）培训后的行为。在培训结束后的3～6个月内，与受训者的直线经理进行会面，讨论受训者所发生的变化。

（4）学习结果或回报。这是培训是否获得成功的根本标准，可通过员工保留率或绩效数据来衡量。

7. 为你自己的培训留出时间。

思考

· 你得到了什么启示？

· 你下次会如何做？

参考文献

Aristotle（1999）*Nicomachean Ethics*, trans. Irwin, T.H. Indianapolis, IN: Hackett Publishing Company.

Kirkpatrick, D.L. and Kirkpatrick, J.D.（1994）*Evaluating Training Programs*.San Francisco, CA: Berrett-Koehler Publishers.

Vanthournout, D., Olson, K., Ceisel, J., White, A., Waddington, T., Barfield, T., Desai, S. and Mindrum, C. (2006) *Return on Learning – Training for High Performance at Accenture*. Chicago, IL: Agate.

3.6 借调的好处

"调换工作益如休息。"

——谚语

为什么

你的团队可以成为你的学习渠道。借调是熟悉其他部门、了解不同工作模式的好方法，也是鉴别你工作是否做得好的好途径，还是全面了解组织的渠道。一个部门如何影响另一个部门？我们的行为如何影响他人？只有了解了这些你才能更好地协调工作。另外，借调也能让你的员工得到体验不同的管理文化的机会，特别是大型组织内可能存在性质迥异的部门。然而，这也可能意味着某些部门文化可能更适合某些性格。

因此，如果部门内部存在性格冲突，借调能提供必要的调整空间，能带来更高的契合度，最终可能意味着组织能留住一名优秀的员工。

知识简介

麦肯锡将借调的原因划分为五大主要类别：（1）借调可能是发展性的，因此对借调者和两个部门（一个是离开部门，一个是入职部门）均有利；（2）借调可能是战略性的，例如当一个部门需要一项特殊的技能，而临时派人来满足这种需要时；（3）它们可能是仲裁的一种替代办法；（4）它们可能是为了留住有价值的员工；（5）可能是支持冗员的一种过渡形式。无论原因是什么，技能的发展是一个重要部分。

邦德和克里奇利指出了护理行业借调行为的八大好处：安全、启动、职业提升、机会、网络、多样性、动机教育和培养。

将借调视为提高员工技能的绝佳机会，同时也能保持他们的忠诚度。

试着做

如果一名员工正在考虑借调，他应当十分清楚下面的内容：

1. 他将去哪里工作，要遵循什么新规定？

2. 借调期有多长？

3. 他们能学到 / 提供什么技能？

4. 他在本部门的工作由谁做？

5. 发生任何问题时，借调能否提前结束？

6. 可能的问题有哪些？

7. 借调人员是否需要额外的培训或保险，这是否影响他们的工资、假期津贴或其他法定福利？

8. 谁将处理监督 / 评估 / 纪律问题？

9.（借调期结束后）如何重新融入原部门？

10. 组织如何从共享的经验中学习？

思考

· 你得到了什么启示？

· 你下次会如何做？

参考文献

Bond, P.（2002）Changing places, *Nursing Management UK*, 9（8），12-16.

Cambridge Dictionaries Online（2015）见网址：http://dictionary.

cambridge.org/dictionary/english/a-change-is-as-good-asa-rest（于 2015 年 8 月检索）

Critchley, D.（2002）Second sight, *Nursing Management UK*, 9（7），12-13.

McKenzie, J.（2003）*Secondment Benefits*, McKenzie and Associates website, 见网址：www.secondments.com（于 2015 年 7 月检索）

3.7 提问，不要假设（2）

"不要假设。鼓起勇气去提问，表达你真正的想法。尽可能清晰地与他人沟通，避免误解。只要做到这一点，你就能完全改变你的生活。"

——堂·米格尔·路易兹（Don Miguel Ruiz, 2015）

为什么

人都是在变化的：为什么之前雄心勃勃的员工现在似乎有些灰心丧气？为什么之前默不作声的员工突然变得活跃起来？了解这些变化背后的原因需要花费很长的时间。通常情况下，开诚布公地进行沟通要比你自行做出假设产生的问题更少，而且更能生成大家都认可的解决方案。或者，你作出假设仅仅是因为你比较傲慢，但此时，你的假设很可能是错误的。

知识简介

进行交流时，重要的是要意识到四个层次的倾听。可将它们描述如下：

敷衍了事（*Cosmetic*）——倾听者心不在焉，但仍然会发出正确的回应，如"嗯""啊"等。

有问有答（*Conversational*）——在谈话过程中有一定程度的参与。

积极倾听（*Active*）——倾听者提出问题并深入探究。他们也可能转述和总结讲话者的陈述。

深入倾听（*Deep*）——这一层次的倾听已经超越了讲话者所说的内容，包括注意到其肢体语言、重复性的短语、语调的转变，这些都可能使倾听者进一步探究某个特定的领域。

你的倾听层次越高，你对团队的了解就越全面、越深入。当你的肢体语言与口头语言不一致时，你对团队成员的想法可能会遭到质疑。即使你担心得不到答案，你也要提出问题并倾听——请用好你的眼睛和耳朵。

试着做

1. 练习深入的倾听，在职场内外皆如此。与其他技能一样，要多加练习，熟能生巧。

2. 即使只是闲聊，也要抓住机会与员工交流。先在某种程度上建立信任感，这样，当你需要谈论一些重要的事情时，由于前期已经做了铺垫，后期的工作就水到渠成了（但也要避免过分熟悉，保持你的职业素养很重要）。

3. 当需要进行严肃或困难的对话时，要选择一个中立的场所，而不是你的办公室，这样做会弱化对方对权力的感知。

思考

- 你得到了什么启示?

- 你下次会如何做?

参考文献

Ruiz, D.M.（2015）*The Four Agreements, A Toltec Wisdom Book*, ExpressionsofSpirit.com, 见网址:http://www.expressionsofspirit.com/4-agreements.htm（于 2015 年 8 月检索）

Starr, J.（2011）*The Coaching Manual*. Harlow: Pearson.

第4章

激发员工的积极性

4.1 要知道，你在意的别人未必在意

　　身为经理人，你比你的团队更接近于组织的价值观和愿景。人们出于不同的理由而工作，有的是为了生活，他们的动机是外在的——主要是金钱或休假；而另一些人可能有更大的内在驱动力，特别是当他们身处一个他们希望不断进步的组织时。你担任管理职务也有内在的驱动力，但请记住，并非所有的团队成员都与你一样。激发员工的积极性是指运用多种方法来激励和鼓励员工，让团队全身心地投入一个项目（即使他们不能致力于整个组织）。

照着做

　　列出过去激发你积极性的所有事情，明天为你的团队做一件。

4.2 外在激励（理论和实践）

激励指的是薪酬、调休或其他促使团队高效工作的福利，一旦这些激励终止或改变，员工的生产率就会大幅下降。外在激励对新员工或者"为了生活而工作的员工"很有效，但对于那些对职业充满了激情或者希望组织不断进步的人来说，外在激励的作用不太大。它们有时候也会超出你的控制，因此可能成为一种虚假的承诺。任何时候你都需要将外在激励和内在激励结合起来——而不仅仅是当你想要完成某件事的时候！

照着做

问问自己（说实话），你是否只有对员工有所求时才会激励他们？从上面列出的清单中选择另一件事，然后去做，以激发员工的积极性。

4.3 内在激励（理论和实践）

内在激励包括简单的赞美、认可和欣赏。如果你的员工有需要，给他们提供发展的机会，提供支持或者帮助，这些都能激励他们。内在驱动力是一个人为什么想要工作的核心，也是当所有其他情况看起来不那么乐观时，驱动他们工作的动力。然而，它经常被忽视，一旦它消失，你最出色的员工就会走人。

照着做

请你的员工在便利贴上写下他们最喜欢工作的哪些方面……让他们把写好的便利贴粘贴在办公室的门上或布告牌上。

4.4 你对自己的团队有何看法？

人们往往会根据演员和体育明星最近一次的表现来评价他们。不幸的是，人类有一种"分类"的倾向，而且你可能发现，自己会根据团队

成员说过或做过的事情来给他们贴标签，甚至有可能是你理解错了，这是不公平的做法。如果这些先入之见影响了你对他们的行为（积极的或消极的），你与他们的关系就会受影响，甚至你与团队其他人之间的关系也会受影响。你可能会在误解中工作，因此要审视一下你的信念和假设，并经常检测它们。

照着做

　　写出你对团队成员的看法，然后寻找证据来支持或反驳这些看法。挑战你自己的思维。

4.5 团队建设背后的真相

　　你不需要去激流泛舟或更换 F1 赛车的轮胎来确保你有一个充满动力的团队。与在团队中的日常（情感）投资相比，这些都不重要。"团队日"活动有时会受到质疑，就好像是经理人为了团队建设在说漂亮话一样，在功能失调的团队中尤其如此。然而，行为是动态的，虽然可能需要花时间，但态度是可以改变的。但无论这些变化多么激动人心，它们都不可能一蹴而就。建设团队关系与建设任何关系一样，需要日积月累，积少成多。也正是这些事情会让你的员工考虑跳槽。

照着做

反思你享受过的"团队时光",找出它们的与众不同之处。当你计划下一次团队日活动时,借鉴其可取之处。

4.6 情绪劳动

激励一个团队也需要对经理人进行情感支持——要注意你自己的支持需求和人脉。人际关系在成功的团队管理中很重要,但它们可能是片面的。你可能觉得自己给予了支持、建议和激励,但几乎没有得到什么回报。你最有可能得到的结果是,因为你的团队受到了积极的影响,你所在部门的生产率得到了提高,部门获得了成功——这是理所当然的结果。然而,你的团队开展工作并不是为了让你感受到被爱。如果你认为情绪就像水,而你自己就像一块海绵,那么你就必须遏制团队的焦虑,这当然意味着你也需要精神上的支持……然而,精神支持必须来自个人的适应力、同事或者你自己的部门管理,而不是你的团队或者人际关系的平衡被不利地改变。

照着做

请明确当你需要支持时,你会寻求谁的帮助。如果列表为空,请至少填上一个人的名字,甚至是可以来自领英(LinkedIn)等社交媒体网络的人。

4.7 使会议更具激励性

会议是一个介绍基本情况、发现并纠正问题、激发员工积极性的绝佳机会，但它们经常被视为浪费时间之举。然而，如果会议组织得力（时间、日期、地点、议程），并且模式可行、准备充分时，它可能是一天当中最有意义的部分之一。

照着做

看看你上次的会议议程。你是否为每个问题的讨论分配了一定的时间？若是的话，你们是否遵循了时间安排？制定下次会议的议程时，你要为每个问题分配好合理的时间，并严格按照议程讨论各个事项，有必要的话，可在会议之后再安排时间与相关人员进一步讨论某些问题。

详解

4.1 要知道，你在意的别人未必在意

"愤怒、怨恨和嫉妒不会改变别人的心，它们只会改变你自己。"

——沙龙·L·阿尔德（Sharon. L. Alder，2011）

为什么

如果你意识到，并非每个人都在乎你，那么你就更有可能去寻找创造性的激励形式，而不是因为你最初的努力收效甚微而黯然神伤（消极情绪会消耗大量的脑力和创造力，对提高生产力无益）。如同所有行为一样，激发积极性的因素也是变化的，某个时刻能激励某个人的因素在另一个时刻可能不起作用。最好的做法是鼓励你的团队投身于他们正在做的项目或任务，因为完成项目或任务有其自身的回报。同样要记住，不要仅仅因为你认为完成某项任务是件令人兴奋的事，做这项任务的人也会这么认为。

知识简介

激励理论的范围很广，有以金钱为导向的，如泰勒或麦克格雷戈的 X 理论；有更侧重个人激励的，如满足社会需求，自我实现（做最好的自己）或麦克格雷戈的 Y 理论，富有创意的经理人会综合运用这些理论。对一名沮丧的员工而言，奖金（特别是当它被认为不重要时）不如赞誉和认可的激励效果好，而一名缺钱的团队成员不一定在乎你委派给他的任务是否有意义，只要能使他多工作多赚钱即可。然而，如果你能说服他们，让他们相信自己在组织中的重要性，你会发现，认可和赞赏他们的表现要比激励更重要。

试着做

1. 找出你能提供的激励措施（如调休、弹性工作时间、奖金、蛋糕或招待基金）。

2. 找出你团队的驱动因素，并相应地激励他们。

3. 询问同事们激发积极性的方法，了解哪些奏效，哪些无效。

4.确保你清楚所有的团队成员在组织中的重要性并告知他们。

5.赞扬并认可做得好的工作。多在团队中走动，这样你就知道该在何时奖励他们了。

思考

- 你得到了什么启示？

- 你下次会如何做？

参考文献

Alder, S.L. (2011) *300 Questions to Ask Your Parents Before it's too Late*. Springville, UT: Horizon.

Maslow, A.H. (1967) A theory of meta motivation: the biological rooting of the value-life, *Journal of Humanistic Psychology*, 7 (2) : 93-127.

Mayo, G.E. ([1933] 2003) *The Human Problems of an Industrial*

Civilization. London: Routledge, reprint.

McGregor, D. ([1966] 2006) *The Human Side of Enterprise*. New York, NY: McGraw-Hill Professional, reprint.

Taylor, F.W. (1911) *The Principles of Scientific Management*. New York, NY and London: Harper & Brothers.

4.2 外在激励（理论和实践）

"激励就是一切。你能做两个人的工作，但你不能成为两个人。相反，你必须激励你的下属，并让他激励他的下属。"

——李·艾柯卡（Lee Iacocca）

为什么

外在激励是来自个人外部的一切激励因素，包括金钱、时间、升职、表扬和认可（后两点更加个人化）。外在激励通常是最初找工作的主要动机，因此这些方面是你首先要考虑的。

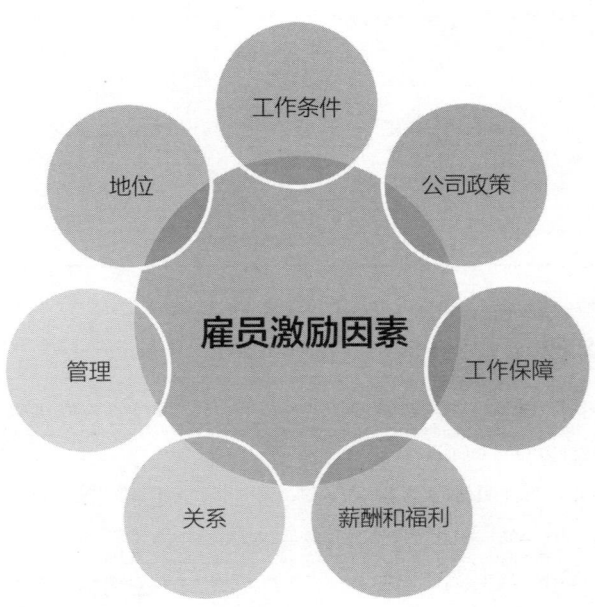

知识简介

人们很容易认为，如果某人得到了报酬去做某件事，那就足够有动力了。表扬和认可也是激励因素，它们是最容易被给予的，却往往遭到忽视。在一项针对员工和经理人关系的研究中，常见的回答是：

"没有人会注意到我在做什么，直到我离开之后，他们才会发现事情还没有做完。"

"做得好没什么，但要是犯了错误，他们会在很长的时间里瞧不起你。"

"有一次，一位经理甚至对一个团队说：'你们收到了很多人发来的卡片和电子邮件，但是他们发到我这里了，所以你们没有收到。但是你们做得很好。'我知道经理想说什么，但为什么团队成员从来没有得到过这些卡片和电子邮件呢？如果他没有在培训的最后 5 分钟内露面——即使露面，也是我们强迫的——团队成员们将永远不知道实情。"

"就好像她只是在每个人面前确保她说了些什么，好像得谢谢她露面。"

唐（Tang, 2012）

该表扬时就表扬，你的业绩就会得到提高。

试着做

1. 人际关系方面的激励，如通过评价、电子邮件、卡片或者"周五蛋糕"的方式得到的认可，无论是来自你自己、同事还是客户，都应该被分享。

2. 在团队会议或发布会中加入一个"庆祝"环节，使赞赏变成一种习惯。

3. 一般来说，公开表扬，私下惩戒，你需要了解你的团队。如果一些团队成员很容易感到尴尬或总是受到表扬，那么你要告诉他们私下里表扬他们的原因。

4.每当你需要重申规则时，提醒你的团队为什么要运用这些规则。

5.确认你给予经济奖励和工时奖励的范围，但要慎用它们。

6.要到团队中去，知道团队内发生了什么，认可团队的业绩和进步。如果有需要，记录下自己表扬过的人，并想办法表扬那些一段时间内未得到认可的人。

7.要真诚地提出表扬，没有什么比虚情假意的赞美更糟糕的了。

思考

· 你得到了什么启示？

- 你下次会如何做？

参考文献

Iacocca, L.（1986），*Iacocca: An Autobiography*. New York, NY: Bantam.

Tang, A.（2015）*Love's Labours Redressed, Reframing Emotional Labour*. Saarbrücken: LAP Lambert Academic Publishing.

4.3 内在激励（理论和实践）

"你可以通过恐吓来激励，也可以通过奖励来激励，但这两种方法的效果都是短暂的，唯一持久的是自我激励。"

——赫默尔·赖斯（Homer Rice），引自科尔宾（Corbin，2014）等人

为什么

虽然人们因外在原因（金钱、职业发展、得到认可）而进入组织，但他们对组织领域的选择往往更受内在因素的影响。因此，通常情况下，

他们申请的是感觉自己能胜任而且想做的工作。这意味着当工作发生变化时，除非这些变化是员工希望的或者是员工能理解的，否则，他们的工作动机就很容易受到影响。

知识简介

孟席斯·莱斯针对在绝症患者病房工作的护士进行了一项研究。为了"保护"这些护士免受工作带来的情感压力，管理层实施了一系列改革措施，诸如定期轮换护士等，这样她们就不会对患者形成太大的依恋。管理层还鼓励她们称呼患者时不要用他们的名字而要用他们的病情代替。这些举措完全违背了护士们进入护理行业的初衷，对她们的积极性和工作表现产生了负面的影响。虽然管理层认为这些措施符合员工的最大利益，但他们做错了。

这项研究可能是几十年前完成的，但其结论至今仍有借鉴意义，也就是说，工作中的决策通常是由那些不经常参与实践的人做出的。真知源于实践，要做出正确的决策，就需要自己在一段时间内亲力亲为。

要了解如何帮助员工保持内在激励，请登录 http://www.fishphilosophy.com/ 网站，观看有关鱼市哲学（FISH! Philosophy）的视频。

试着做

1. 不要以为你已熟知一切，要与团队进行交流，获得问题的解决方案（本章最后的"思考帽"技巧可能会对你有帮助）。清楚制约因素有哪些，当你不能做某件事时，要及时言明。

2. 如果需要改变团队中某个成员的角色，要确保团队理解这一改变对大局的必要性。如果一个改变对某些人的工作方式产生了不利影响，那么当他们明白这是为了"更大的利益"时，他们能更好地接受改变的现实。

3. 削减成本通常不被视为"更大的利益"的一部分，除非你能证明这是保住每个人饭碗的唯一途径。

4. 如果你更改了职位描述，那么要确保更改是通过人力资源部完成的。如果有可能增加外在激励来减轻冲击，那么将有助于顺利度过调整期。

5. 监督对工作的更改。如果这些更改明显没有效果，那么不要因为太自大而不愿再改变了（按照步骤 1—4 执行此操作）。

思考

- 你得到了什么启示？

- 你下次会如何做？

参考文献

Corbin, C., McConnell, K., Le Masurier, G., Corbin, D.E. and Farrar, T.D.（2014）*Health Opportunities Through Physical Education with Web Resources*. Pudsey: Human Kinetics Publishers.

FISH! Philosophy（n.d.），见网址：http://www.fishphilosophy.com/（于2015年8月检索）

Menzies Lyth, I.（1960）Social systems as a defence against anxiety, *Human Relations*, 13, 95-121.

4.4 你如何看待你的团队

"开始挑战你的假设，你的假设是你望向世界的窗口。每隔一段时间就把它们擦掉，否则光亮就透不进来了。"

——艾伦·艾尔达（Alan Alda，2006）

为什么

员工的表现是动态的，在工作中你要着眼于现在而不是过去。如果不这么做，你的一些团队成员就感受不到你的支持，而另一些团队成员却无功而受禄。虽然一般而言，过去表现优秀的团队成员会继续表现优秀，但是，当你根据假设而不是事实做出评判时，你就看不到一个优秀的团队成员所付出的努力了，或者你会发现某些人突然之间就变得善于做某项工作了。

知识简介

"最成功的人也需要你的支持和培养，但他们往往不会言明这一点……不要让你雇佣他们的理由成为他们离开的理由。"过去的表现可以预测未来的行为，但运用这一理念很容易出错。最好要了解员工的惯常表现，并通过与团队或者与团队合作过的人进行交流来测试你的认知。注意你的反应：你是否总是回应那些说话大声的人？如果是，你是否忽略了其他人？那些默不作声的人真的快乐吗？还是正在寻找逃生路线？你的团队行为是否反映了你的行为？请记住，我们本质上都是以自我为中心的，而且只会从一个角度出发来看问题。但是要更好地了解全局，我们需要看得更广。如果你忽视了那些看起来很安静的人，他们有可能会到另一个组织工作。如果你一直在帮助那个声音最大的人，那么你对他们授权赋能的机会就会变少。如果一个雄心勃勃的人工作表现一般，那么你要花时间仔细检查一下是否存在上述问题。

试着做

1. 保持平易近人的态度，当团队成员选择与你交流时，你要仔细倾听。

2. 请记住，当某人（特别是有能力的人）寻求你的帮助时，通常是因为他们已默默挣扎了一段时间了！

3. 注意，有抱负的员工可能需要帮助，而且留住他们要远比留住那些只会大喊大叫的人重要，因为后一种人你可能永远也无法取悦他们！

4. 记住，你不把自己不愿做的工作委派给别人做，部分是因为有时你可能至少需要先掌握一些基本的知识来教别人。

5. 当你注意到有人在某项工作中表现出色时，承认这一点并利用这一机会更新其培训需求分析（TNA）。如果他们很享受这样的工作，在未来寻找更多的机会让他们参与到这个领域中来。

6.请记住，有时人们担当某个团队角色并不是因为喜欢，而是出于习惯。

7.最后，请保持头脑清醒!

思考

· 你得到了什么启示?

· 你下次会如何做?

参考文献

Alda, A.（2006）*Never Have Your Dog Stuffed and Other Things I've Learned*. New York, NY: Random House.

Tang, A.（2015）Blog post, High fliers need your helping hand too, 见网址：https://www.linkedin.com/pulse/channel/leadership_and_management （于2015年8月检索）

4.5 团队建设背后的真相

"如果你想建造一艘船，先不要雇人去收集木头，也不要给他们分配任何任务，而是去激发他们对海洋的渴望。"

——安东尼·德圣-埃克苏佩里（Antoine de Saint-Exupery）

为什么

尽管举办团队建设日活动通常是令人愉快的，有时显然是一项投资，但它们对员工的激励只是暂时性的。这样的活动无疑会给人们留下工作环境比较积极的印象，而且通常意味着团队内部的不和在一段时间内被掩盖了。然而，从长期来看，当团队功能失调时，其根本问题需要得到解决，专注于"享受乐趣"的团队建设日活动恐怕于事无补，它只是把不可避免的崩溃推迟了而已。你要做的是了解团队得以成立的基础，即共同的目标，让你的团队成员尊重彼此及各自的技能，认识到需要齐心协力才能实现目标。"团队建设日"的前提很简单，它不是关于个人的任务和工作，而是每个人都希望这个项目取得成功。

知识简介

如果一个功能失调的团队出现了兰西奥尼所指出的五大障碍（见第 2 章），那么显然"同乐日"活动无法解决问题。谢里夫等人的"罗伯斯山洞"（Robbers' Cave）实验发现，强迫人们一起工作（或完成一项任务）、观察他们的行为、反思这些行为出现的原因以及人们如何看待这

些行为，并讨论他们如何度过这场冲突，是建设团队的唯一途径。

试着做

1. 倾听可能一开始很有益处，特别是在功能失调的团队中。然而，运用"思考帽"技巧（见 4.7 节）可以避免使"倾听会"变成"抱怨会"。

2. 密室逃脱游戏公司（Exit Games）在全国推出的游戏活动（见 www.exitgames.co.uk）就运用了浸入式学习法。在这些游戏活动中，2 至 10 人的小组需在 60 分钟内逃离一个房间。在时间压力下，活动本身就足以揭示参与者不同的交流方式，除此之外，所有参与者的表现都可通过摄像机观看（经允许，通常可以录制）。英国布莱切利大逃亡（A Great Escape in Bletchley）和德国柏林"接受任务"（'Mission Accepted' in Berlin）的高智商游戏目前提供唯一 CPD（持续职业发展）认证的"逃生包"，参与活动的团队有机会通过有指导地询问任务执行情况和培训课程观察和反思他们的表现。

3. 然而，如果你正在组织一个团队建设日，请记住这是一项投资。你对场地、茶点和活动的选择体现了你对团队的重视程度！

思考

- 你得到了什么启示？

- 你下次会如何做？

参考文献

de Saint-Exupery, A.（n.d.）BrainyQuote.com, 见网址：http://www.brainyquote.com/quotes/quotes/a/antoinedes121261.html（于 2015 年 8 月检索）

Lencioni, P.M.（2002）*The Five Dysfunctions of a Team: A Leadership Fable*. Chichester: John Wiley & Sons.

Sherif, M.（1954）Experimental study of positive and negative intergroup attitudes between experimentally produced groups: Robbers' Cave Study, cited in Sherif, M., Harvey, O.J., White, B.J., Hood, W.R. and Sherif, C.W.（1954/1961）*Study of Positive and Negative Intergroup Attitudes Between Experimentally Produced Groups: Robbers Cave Study,（10）*. Norman, OK: University Book Exchange. www.agreatescaperoom.com, www.exitgames.co.uk 和 www.thelogicescapesme.com（英国信息最丰富的网站），见网址：https://www.cpdstandards.com/providers/?s=21190（可信任的团队建设活动链接）

4.6 情绪劳动

"如果你没有足够的情商，没有自我意识，不能克服负面情绪，没有同理心也没有良好的人际关系，那么，无论你的智商有多高，你都不会取得多大的成就"。

——丹尼尔·戈尔曼（Daniel Goleman，2005）

为什么

你的经理人的职责是激发你的情感，或者抑制你的焦虑。然而，这种情形并不总是发生。期望你的伴侣或家人化解你的忧虑是不明智的，因为他们并不知道你的实际工作状况。如果你总是抱怨工作，你听到的回应通常是："离开这家公司就可以了！"但你并不想离开，你只是希望情况有所改善而已。

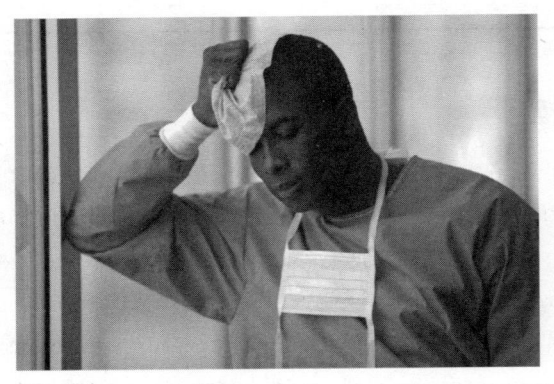

知识简介

阿利·拉塞尔·霍克希尔德把情绪劳动定义为需要展现某种特定情绪的工作，这种情绪可能满足了他人的期望，但与本人的真实想法和感受相冲突。经理人就是情绪劳动者。当你感到沮丧或者面对不友善时，你可能会需要支持。你不能从你的团队中寻求支持，但你确实需要来自某处的精神支持。如果你把情绪视为海绵（作为经理人，你的工作还包括缓解团队的焦虑），在某个时刻，你需要释放它，否则你将无法继续高效地开展工作。相反，如果你把情绪视为一种随着你的消耗而不断减少的电量，那么，你需要及时给它充电。

试着做

1. 在姜饼人的中间画一条线。

2. 在左手边（人形内）写下你对工作的所有感受，无论好坏。

3. 在右手边（在人形外）写下你对工作感兴趣的所有方面。

4. 在左手边（人形外）列出能够帮助你将消极情绪（里面的左边）转变成积极情绪（外面的右边）的人。

5. 在右手边（人形内）列出做哪些事会让你感觉更积极（不要超过5件事，否则你会变得不知所措，无从下手）。

6. 寻求同事的安慰和支持——最好是与你职级相当的人，因为他们能理解你的经历和担忧。另外，你也很可能帮到他们。

思考

- 你得到了什么启示?

- 你下次会如何做?

参考文献

Goleman, D. (2005) *Emotional Intelligence: Why it can Matter More than IQ*. New York, NY: Bantam Books.

Hochschild, A.R. (1983) *The Managed Heart*. Berkeley and Los Angeles, CA: University of California Press.

4.7 使会议更具激励性

"如果你必须用一个词来说明人类没有实现、也永远不会实现其全部潜能的原因,那么这个词就是'会议'。"

——戴夫·巴里(Dave Barry,1999)

为什么

如果你对会议的评价是"浪费时间之举",那么至少你现在处在一个能改变这种状况的位置了。会议是你与团队中大多数人碰面的机会,因此也是确保信息得到传达和讨论的最佳途径。然而,由于管理不善,会议常常失败。许多员工觉得开会是在浪费时间,然而它们本不应如此。

知识简介

一旦你确定了时间、地点、甜点、议程和参会人,你就需要组织会议。首先,你必须确保有一个强势的、能控制时间的会议主持人。不要高估或低估你在议程上的时间安排。更重要的是,将议程视为一份工作文件——它不只是用来展示的,还要求与会者必须遵守时间、紧扣议题!

有些小问题通常可以很快地解决,不过也有一些议题需要经过较长时间的深入讨论。

爱德华·德·波诺提出了一种"思考帽"的评估和分析方法,当你需要召开更具争议性的会议或者举办"倾听会"时,可采用这种系统性的方法。该方法以六种不同颜色的帽子来代表所讨论内容的性质:白色

帽子代表事实，红色帽子代表感觉，黑色帽子代表警示，黄色帽子代表好处，绿色帽子代表想法（或创意），蓝色帽子代表行动（或流程）。主持人用每一顶帽子来形成讨论并推进讨论。主持人应该限定好每顶帽子的使用时间，并且不允许同时使用不同的帽子，例如在讨论中，主持人会说："现在我们换成'黑帽子'，我希望你们在接下来的三分钟内围绕这个主题提出所有的不利方面。如果现在不提出来，你们就没有机会了，因为我们要换下一顶帽子了。"

不管有没有使用帽子，你都要严格控制时间，要言明是现在而不是以后提出你所担忧的问题，这样能使团队及时说明问题（而不是在事后发牢骚）。在时间上要坚定，此外，在团队成员表达了他们的想法后，要请他们提出解决方案。

无论你运用什么工具来组织会议，关键是要守时并形成解决方案，良好的组织工作有利于实现这些目标。

试着做

1. 如果本次会议沿袭了上一次会议的议题，请确保会议纪要在上次会议结束后得到了良好的传达（理想情况下，你的团队还记得讨论过的内容）。

2. 提前发布你确定的议题，给与会者充分的思考时间。

如果存在有争议性的问题，要言明会议议题中将包含它。

3. 一旦确定了议程，尽可能准确地估计出讨论各项议题所需要的时间。

4. 请求谅解，并设定会议日期 / 时间 / 地点，这样你的团队可提前做好规划。

5. 看看是否安排了茶点——即使是一小包饼干也能表明你的心意。

6. 准时开会——若某个议题的关键人物迟到了，如果有必要，可与一些次要的议程事项调换顺序。

7. 运用"思考帽"或类似的工具来组织对有争议的观点或问题的讨论。

8. 严格遵守为每个议题所安排的时间，要为拟定解决方案留出时间。

9. 感谢团队的参会，并确保将会议纪要打印出来，经你批准后，在会议召开后的两天内分发给团队成员。

10. 尽可能生成行动方案，并及时让团队了解最新情况。

思考

· 你得到了什么启示？

- 你下次会如何做？

参考文献

Barry, D. (1999) *Dave Barry Turns 50*. New York, NY: Ballantine Books Inc.

de Bono, E. (1985) *Six Thinking Hats: An Essential Approach to Business Management*. New York, NY: Little,Brown, & Company.

第5章

授权

5.1 确保任务是你可以授权的

　　授权是必要的，它是发展你的团队并确保你完成工作的一种方式。授权的艺术值得用一章的内容来探讨，因为新上任的经理人通常驾驭不好它，而正确或错误的授权均会对员工产生很大的影响。成功的授权指的是知道授权什么以及如何授权。新经理人常犯的错误有两种，一种是授权的任务太小、太琐碎，另一种是授权根本不应该授权的任务。授权时还要考虑的一个因素是，你是否拥有真正有能力执行任务的人员。无论你是将任务授权给你的团队、另一个部门还是你的同事，你都要清楚，授权的目的不是要摆脱你对工作的责任，而是正式地邀请其他人来完成这项工作。

照着做

你能确定自己害怕授权吗？你能证实多少？本章主要介绍如何正确地授权，请继续阅读。

5.2 选择合适的人授权

一旦你确定了一项任务是可以或应该被授权的，下一个决策就是物色合适的人选了。授权是发展团队的一种途径，能使团队人员考虑管理层的角色。它不仅能证明你对团队的信任，同时也能减少你的工作负荷，让你集中精力做其他事情。你选定的人要能胜任工作（或能够学习），而且还要有适当的权限，这取决于所授权的任务的性质。

照着做

列出你需要授权的工作和人选，将它们匹配起来（直观的展示通常有助于理清你的思路）。

5.3 高效地沟通任务

授权不只是说一句:"这就是项目资料,你去做吧!"这并不是因为你的团队不了解这份工作,而是因为他们可能不了解你想要什么,以及你的判定标准是什么——就像两个人可能对同一件事产生两种截然不同的观点一样。即使你不确定自己想要什么,如果你至少知道自己不想要什么,那么情况也是比较明朗的。花一点时间和精力来解释你的期望,从长远来看会有很大的不同(个人、专业和表现)。

假如你想要一个"蛋糕"……你期待得到什么样的蛋糕呢?

照着做

当你授权的人要将同样的任务授权给其他人时,要求他按程序报备。

5.4 合理安排时间

虽然你可能对最后的期限有所顾虑,但你还是要尽量保护你的团队免受其干扰。如果你知道自己完成一项任务需要花费一定的时间,那么,不要指望别人在更短的时内完成这一任务，特别是当你把它授权给没有经验的人时。如果你是第一次将某项工作授权给某人，那么要给他留出一定的缓冲时间，以防他需要的帮助比你最初设想的更多。或者，当有人非常自信地接受任务时（例如他们具备你所缺乏的经验），你可以允许他们在较短的时间内完成任务，但要记得检查并密切关注工作进展。

照着做

对于你授权的每项任务，都要根据你完成它们所需的时间来设定期限。如果你将任务授权给了与你经验不相上下的人，请留给他们相同的时间。如果他们的经验较少，请给他们留出更多的时间。

5.5 提供适当的支持

　　"我的大门永远是敞开的"，这样的说辞不仅模糊，而且常给人不真实之感。给予"恰到好处"的支持是困难的。留出特定的时间进行面对面的任务检查，也可以用来答疑解惑。让团队成员在与你会面之前准备好要提出的问题，这样不仅能确保每个问题都得到高效的讨论，还能使你的团队锻炼其管理技能。不要替你的团队解决任何问题，要抵制住这样的诱惑，但是要给予他们支持，可能是通过提出指导问题（见第 3 章）的方式。如果你必须进行干预，请说明理由。

照着做

　　为团队设定向你反馈问题的明确时间，并保证这些时间不受工作的干扰。（如果无人反馈，就把这段时间作为"团队的发展时间"，以此证实对他们的评价，或者为他们找到合适的培训课程。）

5.6 让他人完成任务（不要微观管理）

如果早期介入（见第 5.5 节）没有必要，而且你确信团队会出色地完成任务，那么你就该放手。对于你的团队成员来说，没有什么比微观管理更让他们灰心丧气，也更浪费你的时间了。当然，这项任务最终还是你的责任，但你授权的人也肩负着责任。如果你行事正确，任务本身应该很容易完成。

照着做

如果你觉得自己难以抑制微观管理的冲动，那么就请你登录这个网址 http://scottberkun.com/2009/letter- to-micromanagers/，看看斯科特·博坤（Scott Berkun）写的《致微观管理者的公开信》（*Open Letter to Micromanagers*）吧！

5.7 将授权作为一种发展工具（赞扬和评估）

一旦完成任务，你就要给团队反馈信息，并将高层的表扬传达给团队。永远不要忘记，不能再通过"亲自上阵"来展示你的技能了，而是要通过"让他人完成"来展现你的管理水平。表扬你的团队，记住他们的可圈可点之处。找时间总结任务，询问他们喜欢什么，希望在哪些领域发展，以及是否希望获得类似的机会。这样做不仅能提升员工的技能，而且能鼓励团队采用积极的方法促进他们的职业发展，从而提高他们未来的业绩。得到一份工作不是结束，而是开始——帮助你的团队认清他们在组织内的发展方向。

照着做

如果你已经授权了所有的任务，你就可以发展自己了。参见 1.7 节中的三点目标，然后继续第 2 点。

详解

5.1 确保任务是你可以授权的

"你可以授权，却不能推卸责任。"

——拜隆·多根（Byron Dorgan）引自马克斯韦尔（Maxwell，2014）

为什么

授权是组织内部沟通的另一种方式，你的团队和同事会对你的授权方式进行评判，就如同对你的其他行为方式进行评判一样。如果你不授权，你就无法完成任务，这反过来会对你的工作行为产生负面影响。此外，你也拒绝了发展你的团队技能的机会，这不利于你履行另一项职责——推动你的部门向前发展。一个没有进步的组织会停滞不前，适当的授权是推动它前进的一种方式。

知识简介

经理人常因自负而拒绝授权，当他们意识到自己不可能事必躬亲地完成每一项任务时，他们的授权就会欠妥。这可能是因为他们分配的任务要么让团队觉得是在故意为难他们，要么这项任务实际上只能由经理人去完成。当意识到完成一项任务可能会违反保密原则，故而不得不要求收回任务时，这样的做法只会损害你的信誉。因糟糕的授权违反了心理契约也是导致员工在工作场所玩世不恭的一个重要原因，因为它引发了对相关人员的诚信问题的质疑（约翰森和奥利里-凯利，2003），例如有员工说："我的职位描述上明明说了会发展我的技能，但我的工作却是在为客户应该交付的产品列一张清单。"最好是将这一任务委托给客户，要求他们提供送货清单，同时同意采用一个新的系统，这样就不会出现失察之举了。这项任务要比只简单地写一份清单有意义多了，而且还能发展员工的谈判技能。

试着做

如果你已经留意了前面的章节（特别是 1.2 节），那么授权就变得非常简单了——你已经知道这项工作涉及哪些方面了。因此，你很容易确定当前有哪些任务可以授权，并对即将面临的工作进行同样的评估。

可遵循的经验法则是：

- 包含机密信息的任务不能授权。

- 所有其他任务皆可授权。

附（1）：针对上述任务，始终牢记将授权作为一种发展工具。如果清理库存对你来说无趣，那么对于你的继任者来说肯定也不会有趣……然而，另一方面，"管理库存水平"可能很有趣。

附（2）：针对上述任务，你不一定总是将它们授权给你的直接下属。其他部门是否能更好地协助你完成任务？

• 永远铭记这一点：授权能发展他人并减轻你的工作负荷，但永远不能把责任推卸给他人。

将授权视为你职位描述的基本部分，并不断完善你的授权艺术。

思考

• 你得到了什么启示？

• 你下次会如何做？

参考文献

Johnson, J. and O'Leary-Kelly, A.M.（2003）The effects of psychological contract breach and organizational cynicism: not all social exchange violations are created equal, *Journal of Organizational Behavior*, 24, 627–647.

Maxwell, J.C.（2014）*Good Leaders Ask Great Questions: Your Foundation for Successful Leadership*. Nashville, TN: Center Street.

5.2 选择合适的人授权

"管理的传统定义是通过人来完成工作，但真正的管理是通过工作来培养人。"

——阿迦·哈桑·阿贝迪（Agha Hasan Abedi），

引自安德森（Anderson，2013）

为什么

授权涉及（1）让他人完成工作，以及（2）发展团队的技能。做法得当的话，它能体现出信任，并确保团队的发展和获得较高水平的业绩。把任务分配给能力强的人是很合理的，因为他们会高质量地完成任务，然而，这样做并不能提高他们的技能。让没有经验的人去完成一项任务会发展他们的技能，但这可能需要更长的时间，而且他们可能需要额外的支持，这样他们才不会觉得自己"注定要失败"。短期内将任务分配给谁取决于时间和人员等因素，但即使存在这些限制，如果你了解你的员工（及他们对工作的需求），了解你的工作，那么这是一种让员工高质量完成任务的有效方式，并将增强团队的技能，同时实现个人和部门的成长。

知识简介

本章从一开始就假定你计划授权，或者更确切地说，你已经制定好了授权计划。施里斯海姆等人发现，当授权被视为"随意地分派任务"时，工作中的外在满意度会降低。在当今的就业环境下，高素质的毕业生很多，但就业岗位并不多 [见彭博商业内部网（Bloomberg

Business Insider）和 2015 年的多篇新闻报道］。因此，员工的发展就变得更加重要了。然而，你也不能为了留住他们而无所顾忌地发展你的团队，要抓住工作中的机会，将他们培养成你可利用的高层次人才。"没有什么比信任更能促使员工投身于工作了……信任是人员激励中最强有力的形式，而授权是一种展现信任的实践做法。"然而，信任取决于你对这个人工作能力的坚定信念。信任体现在他参与的任务上，而不是那些任何人都可完成的任务。信任意味着确保接受任务的人拥有完成任务的工具。信任是相互的，有了这种赋能的可能性，就应当重视授权。

试着做

当你选择要授权的个人或部门时：

1. 注意你可选择的方案。这意味着考虑组织内的其他部门和你自己的团队，即使你不考虑外部人员，你也可以使用他们的材料。

2. 如果时间紧迫，而且你知道你的团队擅长这项任务，那么就向他们解释这一点。然后寻找机会下次再发展他们想要提升的技能。

3.如果你正利用授权的机会发展你的团队，请注意你可能需要提供支持，这意味着你需要投入一定的时间。如果你能专门抽调一名工作人员，那么最好选择一名经验丰富的员工。这样做的好处是，它能使"专家型员工"在做熟悉的工作时发展其指导技能。

4.如果你授权的是一项"低级"的任务，要承认这一点，并让接受任务的人开发一套更好的系统，避免在未来再次这样做。这样会使任务更具吸引力，而且能锻炼员工解决问题的能力。

5.注意你的团队想要什么。当团队成员的需求和你的需求非常接近时，授权就对双方皆有利。

思考

· 你得到了什么启示？

· 你下次会如何做？

参考文献

Anderson, C.（2013）*16 Management Quotes from the Top Managers in the World*, SmartBusinessTrends.com, 见网址:http://smartbusinesstrends.com/16-management-quotes/（于 2015 年 8 月检索）

Covey, S.M.R.（2013）Podcast interview transcribed：见网址：https://www.entreleadership.com/articles/how-todelegate#sthash.lDIlslA4.dpuf（于 2015 年 8 月检索）

Schriesheim, C.A., Neider, L.L. and Scandura, T.A.（1998）Delegation and leader-member exchange: main effects, moderators, and measurement issues, *Academy of Management Journal*, 41（3）, 298-318.

5.3 高效地沟通任务

"独眼巨人，既然你问我的名字……我的名字叫'没有人'。

波吕斐摩斯吼道:'没有人要杀我，我的朋友们。'

听他言罢，他们开口答道:'那么，如果没有人伤害你……你一定是病了，此乃大神宙斯的送物，你逃不掉的。'"

——荷马（Homer），《奥德赛》（The Odyssey）

为什么

一个人描述一幅画，另一个人根据描述来作画，这是一种有争议的训练练习。这一练习表明，同样的图形对不同的人意味着完全不同的事情。在授权时，你需要阐明你的期望、质量标准和期限，特别是当你以前从未将此项特定任务委托给任何人，或者你正准备把任务授权给一个新人或者没有经验的人或团队时。在后一种情况下，接受任务的人或团队在完成任务的过程中，采用的流程或方法可能与你自己的有冲突。明确你的愿望能确保你清楚自己将得到什么结果。

知识简介

帕森斯指出，高效的授权与工作满意度高度相关。员工们常常抱怨任务界定不明确以及管理层计划不周。当面临未知因素时，人们感到忧虑是很自然的，这主要是因为他们不想失败。因此，作为经理人，当你授权的时候，你的责任就是要明确成功的道路。只有当你知道你想要的结果是什么，并且实现结果的基本资源到位时，成功的道路才可能变得清晰可见。基本的资源包括具备适宜技能的人员或适当的设备。当然，人是非常聪明的，所以在没有资源的情况下也可能获得成功，但如果你想做这样的尝试，至少要事先弄清楚，处理这类问题也是授权的一部分。

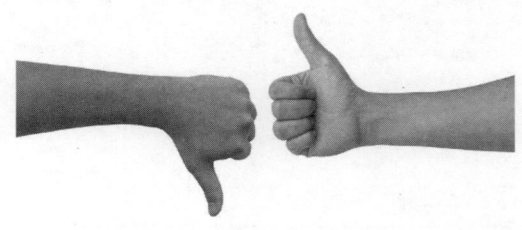

试着做

在授权的早期阶段做一点额外工作可以防止后期出现问题，因为到那时解决问题的时间会更少。

1. 知道你想要的结果——"完成任务"这样的表述太模糊了。

2. 如果你没有时间解释（即使你有时间解释），请写下你的期望列表，以备授权时参考它。

3. 如果可能的话，给出一个成品或结果的范例。

4. 确保你设定了明确的界限。如果你乐见你授权的人主动采取行动，那么就告诉他们。如果你不希望他们这么做，你也要明确说明。

5. 解释哪些材料可供使用，以及是否需要任何形式的创新。

注意：当接受任务的人主动采取行动并运用了创新的思维或方法时，你要认可并表扬他们。

6. 制定明确的时间表（包括检查进度的时间）。

7. 在授权之前和任务执行期间，一定要花时间仔细检查你授权的人是否有问题。确定应该使用哪种沟通方式，并确保你能回答他们提出的任何问题。

思考

· 你得到了什么启示？

· 你下次会如何做？

参考文献

Homer（n.d.）*The Odyssey*, Classics.mit.edu，见网址：http://classics.mit.edu/Homer/odyssey.html（于 2015 年 8 月检索）

Parsons, L.C.（1998）Delegation skills and nurse job satisfaction, *Nursing Economics*, 16（1），18-26.

5.4 合理安排时间

"你连做对它的时间都没有，又怎么能做完它呢？"

——约翰·伍登（John Wooden），引自 ESPN.com，2010

为什么

给某人太多或太少的时间去完成一项任务可能会影响他的工作表现。时间太多时，人们做事可能会拖拖拉拉，直到最后一刻才冲刺；时间太少时，他们又会感到不知所措。如果你已经考虑过被授权的人以及他们的经验水平和可以支配的资源，你应该能为他们完成任务设定一个切合实际的时间期限。如果你有一个参照框架，例如之前完成同样的任务花了多长时间，那么设定合理的时间就更容易了。当你授权的任务不属于员工的日常工作时，期限的合理性就显得更加重要了。

知识简介

多兰于 1981 年提出了制定目标的 SMART 原则，其首字母缩写分别代表：

- S——明确性（Specific）
- M——可衡量性（Measurable）
- A——可实现性（Attainable）
- R——相关性（Relevant）
- T——时限性（Time-bound）

这是本章最重要的内容。SMART 中的"T"原本代表"时限性"，但最近这个缩写词的使用常常代替了"及时性"这个词（例如 Haughey，2014）。这不会产生"时间限制"所带来的紧迫感，因此最好避免。多兰指出，如果制定了时间框架，说明头脑里已经开始考虑如何完成任务了，这样会使接受任务的人更加专注于工作。而"及时性"则表明，只要"及时"完成任务就万事大吉了，这首先违背了根据 SMART 原则制定目标的初衷。高效的任务授权没有模糊的空间，你的员工是如此，你作为经理人也是如此。

试着做

1. 注意你要满足的最后期限；

2. 询问接受任务的人对时间期限的建议；

3. 另寻时间进行面对面的检查（决定期限时要运用你的判断力，因为你了解任务、人员及其拥有的资源）。

4. 给那些"完美主义者"留出至少一天的时间（如果任务更重大的话，留出更长的时间）来考虑这个任务。

5. 永远不要忘记，你要对最终的结果负责。

思考

· 你得到了什么启示？

· 你下次会如何做？

参考文献

Belbin, M.（1981）*Management Teams*.London: Heinemann.

Doran, G.T.（1981）There's a S.M.A.R.T. way to write manage-ment's goals and objectives, *Management Review*,（AMA FORUM）, 70（11）, 35-36.

ESPN.com（2010）John Wooden's greatest quotes-the wizard's wisdom 'Woodenisms', *Sports.ESPN.go.com*, 5 June, 见网址:http://sports.espn.go.com/ncb/news/story?id=5249709（于 2015 年 8 月检索）

Haughey, D.（2014）*Smart Goals*, Projectsmart.co.uk, 见网址:http://www.projectsmart.co.uk/smart-goals.php（于 2015 年 7 月检索）

5.5 提供适当的支持

"我的成功归功于好运、努力工作以及朋友和导师的支持和建议，但最重要的是，我能屡败屡战。"

——马克·沃纳（Mark Warner），引自萨克斯（Saeks, 2010）

为什么

虽然你的一项主要职责是"把工作做好"，但一个老练的经理人在完成任务的过程中既是团队的领导者，也是专家。一位优秀的经理人了解其团队，会与员工一起努力，而不只是发号施令。新手要比经验丰富的

人需要更多的指导，有些员工在某些方面经验比较丰富，但你可能希望拓展他们的才能，因此要授权给他们更具挑战性的任务。要了解员工及他们的知识储备、执能能力和完成任务的流程，这样才能取得良好的业绩。这样做对你的最大好处是，你能与接受任务的人进行沟通，并弄清楚他们需要多少指导。

知识简介

查普曼列出了授权的十个层次，最低层次是"按你所说的做"，最高层次是"决定要采取什么行动并相应地管理局势"。对于被授权的任务要给予多少支持并没有严格的规定，你要了解被授权人的需求，然后选择最合适的级别，并在任务的推进过程中提供相应的支持。授权与情境领导有某些相似之处，你必须在告知（或指挥式）、推销（指导式）、参与（支持式）或授权（完全放手）中做出选择。

一定不要将布兰查德所说的"授权"的含义与我们所说的相混淆。本书中"授权"的含义更具普遍性，即将一项任务的全部或部分授权给某些人，并支持他们有效地开展工作。这需要你对团队有深入而全面的了解，这是授权任务成功与否的关键。另外，由于授权事关赋能，因此，你要抵制住诱惑，不要去解决本应由接受任务的人去解决的任何问题，而是要运用指导技巧（见第 3 章）去帮助他们找到解决方案，同时在必要时提供帮助。

试着做

1. 询问接受任务的人需要多少支持，制定时间表并定期检查。

注意：当接受任务的人认为他们需要较多支持，但你认为他们需要较少的支持时，请按计划与他们举行第一次会议，对他们目前取得的成绩进行表扬，然后建议相隔较长的时间再进行下一次会议。如果你一开始就坚持自己拟定的时间表是正确的，那么你的下属可能会觉得被忽视（而且无论如何你可能都是错误的！）。如果情况正好相反（你认为他们需要更多的支持），那么及早会面进行沟通是明智的，不要拖延。

2. 询问接受任务的人需要什么支持并提供给他们。

3. 如果需要额外的帮助，确保他们与你的沟通渠道（或监督渠道）畅通。

4. 当接受任务的人需要帮助时，首先运用指导性问题协助他们。

思考

· 你得到了什么启示？

· 你下次会如何做？

参考文献

Blanchard, K.H., Zigarmi, P. and Zigarmi, D.（1985）*Leadership and the One Minute Manager: Increasing Effectiveness through Situational Leadership*. New York, NY: Morrow.

Chapman, A.（2012）*Delegating Authority Skills, Tasks and the Process of Effective Delegation*, Businessballs.com, 见网址：www.businessballs.com/delegation.htm（于 2015 年 8 月检索）

Saeks, F.（2010）*Superpower! How to Think, Act, and Perform with Less Effort and Better Results*.Chichester: John Wiley & Sons.

5.6 让他人完成任务（不要微观管理）

"即使你做某项工作要比你的下属出色 30%，但你每隔几个小时进行检查和批准琐碎的决策所耗费的精力、工作热情以及对员工自尊的损害要超出你带来的 30% 的好处。"

——斯科特·博坤（Scott Berkun, 2009）

为什么

员工们最大的一个抱怨是，他们觉得上司不相信自己能完成被委派的工作。如果你选择的人正确，并且有足够的时间提供支持，那么你为何还要插手这项任务呢？为什么你不利用（现在空闲的）时间去完成其他工作或者推动你的部门前进呢？授权的关键不是你亲自上阵去完成任务。如果你仍然纠缠于这项工作中，那么你就得问问自己原因是什么了。

知识简介

在《精神疾病诊断与统计手册》（DSM IV）中，我们对失败的恐惧被视为一类特定的恐惧症，它通常会导致我们坚持做那些自己能胜任的工作。维果茨基的学习理论表明，人们是在一个"知识渊博的人"的指导下学习的，这个人能给学习者提供支持。对于授权和你的团队，那个"知识渊博的人"就是你。但你什么时候提供指导和支持呢？不幸的是，有些人不一定会寻求经理人的指导，所以你要自行判断。如果你意识到自己正在进行微观管理，那么问问自己"为什么要这么做？"。如果答案是"因为接受任务的人完不成任务"，那么请你重读本章第 1 至 5 节的内容；如果答案是"我不想放手"，那么此刻就请你放手吧，你现在是经理人了！

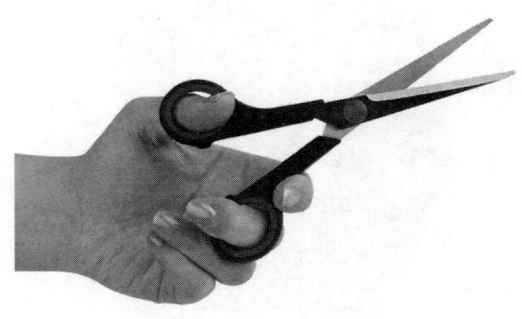

试着做

　　1.始终铭记，你的责任是"协调过程"而不是做具体的工作。你的授权情况体现了你的能力。

　　2.问问自己为什么要进行微观管理并采取措施解决这一问题。

　　3.阅读斯科特·博坤写的《致微观管理者的公开信》，问问自己，如果你的上司对你进行微观管理，你作何感想?

　　4.确定你对这份工作的担忧是什么，看看能否在不进行微观管理的情况下解决这些问题。

思考

· 你得到了什么启示?

· 你下次会如何做?

参考文献

American Psychiatric Association（APA）（1994）*Diagnostic and Statistical Manual of Mental Disorders*, 4th edn. Washington, DC: APA.

Berkun, S.（2009）*An Open Letter to Micromanagers*, Scottberkun.com, 见网址：http://scottberkun.com/2009/letter-tomicromanagers/（于2015年8月检索）

Vygotsky L.S（1978）, *Mind in Society: Development of Higher Psychological Processes*, Cambridge, MA: Harvard University Press.

5.7 将授权作为一种发展工具（赞扬和评估）

"我们的工作是我们发展员工最重要的资源。"

——吉姆·特林卡（Jim Trinka）和莱斯·华莱士（Les Wallace，2015）

为什么

认可和赞扬你的团队能增强你对他们的信任以及他们为你工作的意识，还会使他们对未来的任务充满信心。此外，这意味着当你把更多的工作授权给团队完成时，你自己也可以获得新的工作。你正在锻炼你的员工，他们反过来也让你获得了发展自己和你们部门的自由。你可以通

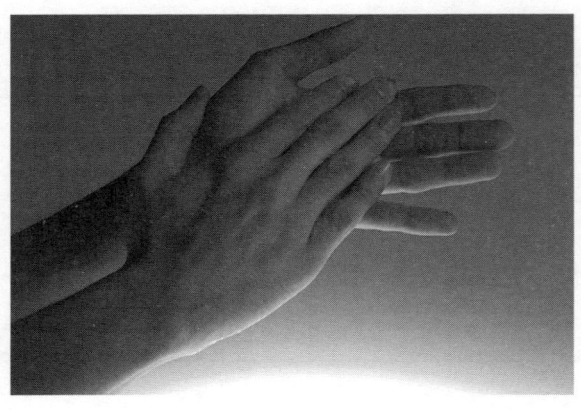

过间接的、非正式的形式表达你的赞扬和认可，也可以通过正式的评估流程给予赞扬和认可。后一种形式很重要，因为这是一个记录你员工所获成就的机会。当你这样做时，要特别注意表达你本人的祝贺。

知识简介

哈佛森在《哈佛商业评论》（ *Harvard Business Review* ）刊发的一篇文章中指出，取得成功最有效的方法之一就是树立明确的目标。如果接受任务的人成功地策划和执行了一场 300 人参与的活动，你在表扬他们时要明确具体，这要比"他们举办了一次很棒的聚会"好得多。我们不擅长明确地界定我们的目标，也许是因为我们不清楚自己想要什么。但是，当目标已经实现时，我们很容易将成功的各个要素进行分解，并将其作为一种已经获得的技能。成功地完成授权的任务后，你的表扬应该是具体的，要包括具体的数据和必要的对比。作为一名经理人，当你的团队不擅长做某项工作时，这是一个很好的激励办法。准确地量化和赞扬所取得的成就，对于太谦虚的人和太傲慢的人都是有益的。

试着做

1. 当你看到接受任务的人取得了成功时要非正式地表扬他们。

2. 正式地将已经完成的工作分解，在下次评估时将其作为员工已经获得的技能。

3. 询问员工想进一步发展什么技能，并为他们寻找相应的机会。

4. 运用这些机会更新团队的 TNA/ 评估表。

思考

- 你得到了什么启示?

- 你下次会如何做?

参考文献

Halvorson, H.G.（2011）Nine things successful people do differently, *HBR.org*, 见网址:http://hbr.org/2011/02/nine-thingssuccessful-people（于2015年7月检索）

Trinka, J. and Wallace, L.（2015）*Leadership Quotes*, Govleaders.org, 见网址:http://govleaders.org/quotes.htm（于2015年8月检索）

第 **6** 章

解决纷争

6.1 回应投诉

　　预防总比治疗好，但处理投诉事宜是不可避免的。投诉可能来自你的团队内部，也可能来自你的客户群。将投诉视为机会，因为投诉者选择了与你沟通而不是一走了之。虽然遭受批评总会让人内心不快，但你的回应方式能够保留、获得或者失去忠诚的客户。本能的回应通常是不合适的，而且在接到投诉后过快地改变某些事情可能会令其他人感到不安。在处理投诉时要保持冷静和开放的心态，将解决投诉的过程视为一次调查。

照着做

　　下次你收到投诉时，请从中提炼事实并开启调查。

6.2 调查投诉

对投诉开启调查时，要持中立立场，如果你做不到这一点，那就请其他人调查或审核你的调查结果。运用"5 问法"将有助于你了解投诉的根源。从根源上解决问题要比遏制症状更有效（也就是说，治本比治标更有效），因为这样做能防止投诉的再次发生。

照着做

当你在调查过程中提出"为什么"，且得到的回复是"我不知道"时，你需要运用指导技能（见第 3.2 节），比如，你可以说"设想你做了……"。

6.3 不要单干（但要甄选参与的人）

如果你在调查中需要支持，或者调查发现了一些你不确定该如何处理的问题时，向其他管理层同事或人力资源部门寻求支持。不要放不下架子，如果需要请寻求帮助，但要甄别合适的参与人员。调查不仅会使组织内部的小道消息满天飞，令参与者尴尬，还可能给你带来法律方面的问题。

照着做

确定能在调查中帮助你的人，列出一张清单，随时备用。

6.4 管理富有挑战性的谈话

若需要进行富有挑战性的谈话，请尽快进行，以免久拖不决，导致问题复杂化。要以事实为准绳。如果你觉得自己会受情绪上的影响，请引入一位中立者（例如人力资源部的成员），允许和你谈话的人也带一个人来。为所有人安排一个方便的时间，并在一个中立的场所进行，在深入细节问题之前可先介绍大局。

照着做

　　请参考你刚刚列出的清单（见第 6.3 节），这些人都是立场中立者吗？

6.5 举报

　　如果你的团队或客户无法与你交流，那么确保他们能与某个人进行交流，但此人不是媒体。匿名反馈或意见箱（人们知道其存在）是一种鼓励人们多提意见的方式，尤其是在非常强调实现目标的情况下。对于个人而言，要站出来反对组织的文化需要莫大的勇气。然而，不管你怎样怀疑，都要理性地对待这样的行为。无论你多么努力地去掩盖，正义都不会缺席，所以不要因遮遮掩掩而失去了民心。

照着做

了解你的举报政策，当你的团队无法跟你交流时，要确保他们知道应该与谁交流。

6.6 管理组织内部的小道消息

组织内部的小道消息有其好处，你只要对它们持保留态度就可以了。然而，如果你听到有人在议论你所负责的事情，那么最好以公开、透明的沟通来解决存在的问题。信息最好是来源于你，因为你知道它是准确的（但听到些闲言碎语也没什么大不了，不必恼羞成怒，而是要认识到你可能需要改正一些做法）。

照着做

回想一下你最近一次听到的小道消息——它来自哪里？真实度有多高？将来再听到谣言时，你就可以借鉴经验。

6.7 应对负面舆论

当投诉进入公众视野时总会令人蒙羞，但随着网络的发展，这几乎是不可避免的结果。不要被卷入口水战中。因此，当你发现投诉时要积极地处理它，仔细调查它，以解释而非辩护的方式来回应事实。如果你认为投诉的陈述中存在完全不真实或明显的误解之处，请从你的角度提出，并在自己的职权范围内做出修正。试着与投诉人直接对话，因为真正的投诉者可能心怀一些改进的建议，但是，同样的仍需要一个中立的观察者。不要忘了，有时候人们只是想发泄一下情绪，毫无根据的抱怨可能需要以这样的形式表达出来。

照着做

不要让自己的名字成为谷歌的搜索对象。

详解

6.1 回应投诉

"你无法改正你不承认的错误。"

——杰克·坎菲尔德（Jack Canfield），引自米诺（Minow, 2012）

为什么

真正的投诉可被视为补救的机会。投诉者没有忽视问题并转移他们的客户，或者，如果投诉者是你的员工，他们没有选择离开公司，而是选择给你纠正错误的机会。即使你无法马上全面解决投诉的问题，你也要立即确认收到了投诉，以示感谢。被无视的感觉可能令人沮丧，而且这种感觉持续的时间越长，投诉者胡思乱想的时间就越长，而其中大部分的设想都是令你不快的。

知识简介

艾莉娜·图镇特在《纽约时报》（*The New York Times*）上撰文指出："投诉是难以避免的，但要有目的地进行投诉。"最好的是投诉是，"投诉者在投诉之前心中有数，对解决方案心知肚明"，这是值得珍视的投诉类型，因为它们不仅能促使你采取行动，还能表明你能做些什么来取悦投诉者。不幸的是，大多数人投诉的目的是发泄情绪而不是纠正错误，但这并不意味着你要做出不同的回应。感谢投诉者让你注意到了这一点（注意，有时候抱怨是间接的，例如说"我有点热了"而不是"你可以关掉暖气吗？"）并促使你采取行动。调查投诉，加以总结并汇报，同时还要鼓励你的员工明确地提出他们的抱怨或担忧。

试着做

1.收到投诉时要勇于承认，如果你不能直接回应，请明确告知投诉人你什么时候给予答复。（这可能取决于组织或部门的政策，但最好在14天之内。）

2.开始你的调查，确保你只想弄清楚事情的真相。

3.及时形成报告并回复——记住，在把回复结果发送给投诉人之前，你可能需要先告知调查中所涉及的人。

4.如果投诉是毫无根据的，请列明理由，并向投诉人申明会进一步讨论此事。

5 确保你已经按照"投诉处理程序"记录了你的处理过程。

思考

- 你得到了什么启示?

- 你下次会如何做?

参考文献

Bowen, W.（2013）*A Complaint Free World*, Will Bowen.com, 见网址: http://www.acomplaintfreeworld.org/（于 2015 年 9 月检索）

Minow, N.（2012）Interview: 'Chicken Soup's' Jack Canfield about his new book on tapping into ultimate success, *beliefnet*, August, 见网址: http://www.beliefnet.com/columnists/moviemom/2012/08/interview-chicken-soups-jackcanfield-about-his-new-book-on-tapping-into-ultimate-success.html（于 2015 年 9 月检索）

Tugend, A.（2013）Complaining is hard to avoid, but try to do it with a purpose, *The New York Times*, 3 May, 见网址: http://www.nytimes.com/2013/05/04/your-money/the-satisfaction-and-annoyance-of-complaining.html（于 2015 年 9 月检索）

6.2 调查投诉

"投诉行为……是一种症状而非疾病本身。正如一起医疗投诉的严重程度不应由它得到的关注度来衡量，而应以身体实际受损的程度来衡量，因此我们不能以投诉者的声音大小来判断其严重性。"

——朱利安·巴吉尼（Julian Baggini, 2008）

为什么

对投诉进行调查必然会涉及情感问题。不管投诉是否真实可靠，它都会立即触发人的防御感。当你或其他人持防御立场时，你就难以确认是否真的存在需要解决的问题。如果你和调查涉及的人能排除这些情感干扰，那么，你就能更好地认清事实并解决问题。

知识简介

巴吉尼建议，当人们感觉事情没有如"应该做"的那样做时，投诉或者"只是说说／观察／以其他有礼貌的方式提出问题"的行为就会发生。然而，投诉人选择何种表达方式，可能会根据他们对事件的看法、他们的沟通偏好以及投诉对他们的影响而定。在巴吉尼看来，有些人"最开心的时候就是有机会抱怨，而有些人则非常不开心……只会接受现实。"事实上，接到投诉意味着你要调查它，并尽你所能透过周围的"白噪声"看清真相。

根本原因分析是一种广泛应用于工程领域的技术，它提供了一种结构化的、非情绪化的调查方法。它通常包括以下 5 个步骤：

步骤 1：确定问题；

步骤 2：收集有关问题的数据和信息；

步骤 3：找出问题的所有可能原因；

步骤 4：在上述基础上，找出问题的根本原因，即引起其他问题的唯一原因；

步骤 5：从根本上提出解决问题的方案并实施。

《心智工具：根本原因分析》（*Mindtools, Root Cause Analysis*，2015）

运用这些步骤能使你对自己的发现和你打算怎么做有一个完整的解释，然后你可以将相关信息反馈给投诉者。

试着做

当你接到投诉时：

1. 立即确认收到了投诉，并为你的回复设置合理的时间期限。

2. 提炼投诉中的事实，尽量消除情感因素。

3. 一旦你将事实呈现给相关方，如果有必要的话，抽出时间与他们会面。确保你没有推卸责任，调查中涉及的每一方都必须感到，你与他们会面只是为了进行实事求是的调查。

4. 如有必要，提醒各方保密。

5. 运用根本原因分析法，例如使用"5问法"（即连问5个"为什么"）来获知每个人给出的回答。

6. 共同寻找解决方案。

7. 设计对投诉人的回复内容，包括解释问题发生的原因，以及你拟采取的纠正措施。

8. 需要时允许参与调查的相关各方和人力资源部门在你发送之前查看你的回复，并确保在规定的时间内完成这一步。

思考

· 你得到了什么启示？

- 你下次会如何做？

参考文献

Baggini, J.（2008）*Complaint: From Minor Moans to Principled -Protests*. London: Profile Books.

Mindtools（2015）*Root Cause Analysis*, Mindtools.com, 见网址：http://www.mindtools.com/pages/article/newTMC_80.htm（于 2015 年 8 月检索）

6.3 不要单干（但要甄选参与的人）

> "幸灾乐祸：当别人发生不好的事情时感到快乐和满足。"
> ——剑桥在线字典（Cambridge Dictionaries Online，2015）

为什么

让其他人参与你的调查很重要。这些人包括你直接与之交谈的人（或你正在调查的人），以及一名或多名人力资源部门的成员、一名直线经理，或者如果合适的话，还有一名工会代表。重要的是，你要强调谨慎的重要性，并在调查期间提醒所有相关人员注意公司的保密政策。谨慎是至关重要的，因为调查可能会让相关人员感到尴尬，特别是需要暂停其职务时。此外，当被投诉的对象是其他人而非你时，你会很自然地感到如释重负。这可能会招致流言，必须小心处理。

知识简介

作为调查的一部分，你可能需要向人力资源部门索取员工档案，向工会寻求建议，甚至要求工会派代表参加任何必要的会议。要提醒所有人慎重，特别是当自己的团队成员涉足调查时。谈论一些机密的事情可能被看作人类的一种需求："小道消息建立社会联系，因为共同的厌恶比共同的积极因素更能建立起强大的联系"。因此，每当有人知道别人不知道的事情时，他们就会利用这种力量来操纵社会关系，为自己谋利。虽然小道消息本身可能无害，但它可能带来骚扰或歧视，这对调查是有害的，也没有任何价值。务必提醒你的团队行事专业和谨慎。

试着做

1. 确保你的调查是在私人环境中进行的，并对所有记录都保密。

2. 提醒所有相关人员言行谨慎。

3. 向跟你谈话的人保证，这只是在履行调查程序，而不是为了进行大清洗（有意迫害）。

4. 确保知道参与调查的人是谁，这样你就知道如果小道消息传出了，你应该去见谁。

5. 一旦小道消息传开，最好召集所有人开会，解释流言蜚语的负面影响，并概述其可能产生的后果。这并不是说你要威胁你的团队，相反，你要向他们解释清楚整个部门仅仅因为八卦闲聊而承担责任的风险。

思考

- 你得到了什么启示？

- 你下次会如何做？

参考文献

Cambridge Dictionaries Online（2015），见网址：http://dictionary.cambridge.org/dictionary/english/schadenfreude（于 2015 年 8 月检索）

Gueret, C.（2011）Why we love to gossip, *Psychologies Magazine*, December, 见网址：https://www.psychologies.co.uk/self/why-we-love-to-gossip.html（于 2015 年 8 月检索）

West Virginia Employment Law Letter（2008）What can HR do about workplace gossip?, *HR Hero Line*, 4 April, 见网址：http://www.hrhero.com/hl/articles/2008/04/04/what-can-hr-do-about-workplace-gossip/（于 2015 年 8 月检索）

6.4 管理富有挑战性的谈话

"（你能做的）最重要的事情是，把你的内在立场从'我理解'转变为'帮助我理解'。做到这一点，其他问题就迎刃而解了。"

——巴顿等（Patton et al., 2000）

为什么

就像及时回应投诉一样，如果必要的交流被推迟，那么问题可能会升级。与调查相似，要管理一场富有挑战性的谈话，秘诀就在于控制你和你的谈话对象的情感影响。

知识简介

首先，英国咨询、调解和仲裁局（ACAS）倾向于将"困难"一词重新界定为"富有挑战性"。他们强调了为解决问题和产生解决方案而控制自己的情绪和局势的重要性，这样各方都能积极地向前迈进。他们为多种工作场景的问题提供了出色的指导，包括"富有挑战性的谈话"。总之，他们建议把重点放在：

1. 面对问题

2. 遏制问题

3. 保持对问题的控制

（ACAS, 2014）

　　面对问题时，首先要确保你是处理问题的合适人选，否则应将其报告给上级处理。熟悉相关的人力资源程序和政策对你大有裨益，而且在必要时你要敢于寻求支持。你要与相关各方进行沟通，及时处理问题。

　　关键是要消除你对"富有挑战性的谈话"的恐惧，专注于事实并与各方合作，以产生一个解决方案。

　　为了遏制问题的蔓延，要保持谨慎和专业，并确保记录的准确性和保密性。为了保持对问题的控制，向人力资源部门寻求支持，并在进行富有挑战性的谈话时注意自己的情感问题。

试着做

　　1. 承认困难（或富有挑战性）的谈话是你工作的一部分，并思考你担心它们的原因。

　　2. 安排一个各方都方便的时间和私人场所进行谈话。

　　3. 如果有必要，当你进行富有挑战性的谈话时，让一个持中立立场的人在场，并且允许对方由他们信任的人陪同。请他们对你的表现进行观察并给予反馈。

　　4. 永远就事论事。调查事实可能会揭示出其他需要解决的问题，但再次强调，要确保你记录的事实是为了进一步调查。

　　5. 提前做好谈话计划，不要遗漏任何要点。

6. 从谈话双方寻求解决方案，尽量不要将焦点集中在你的想法上，因为你的视角可能与直接参与谈话的人不同。

7. 实施解决方案并进行监督，对取得的新进展提出表扬。

思考

· 你得到了什么启示？

· 你下次会如何做？

参考文献

ACAS（2014）*Challenging Converzations and How to Manage Them*, ACAS.org.uk, 见网址：http://www.acas.org.uk/media/pdf/0/d/Challenging-converzations-and-how-to-manage-them.pdf（于2015年8月检索）

Patton, B., Stone, D. and Heen, S.（2000）*Difficult Converzations: How to Discuss What Matters Most*. Harmondsworth: Penguin.

6.5 举报

> "记者生涯让我学到的一点是,每个工作场所至少都有一个心怀不满的人……而有良知的人的数量至少是其两倍。"
>
> ——迈克尔·摩尔(Michael Moore, 2011)

为什么

举报有"内部"(在组织内部报告可疑的不法行为)和"外部"(向媒体或其他公共机构报告不法行为)之分。当然,组织更喜欢内部举报。鼓励告发的唯一途径是,创造一种文化,人们可以畅所欲言而不必害怕遭到打击报复。人们通常不觉得有言论自由,是因为告发某件事的简单行为有时会成为告发人的污点。你要问问自己,你如何看待真相的价值。

知识简介

举报能引发丰富的情感反应。它可能被视为一种背叛,而不会被认为是为了更大的利益而做出的必要行为,举报者往往被视为组织的叛徒。他们特别害怕打击报复,而且媒体很快就会刊发举报者在工作中遭受迫害的故事。

罗威发现，如果有秘密的途径可以选择，员工更有可能告发不当行为。意见箱、自动化软件（表单由投诉小组而非直线经理上传和处理）或部门外与人力资源部门有联系的人只是这些选择中的一部分。重要的是，要确保你的团队认识到，你不会宽恕不道德的行为，但首先你得先知道这些行为，然后你才能做出回应。保持开放的沟通要胜过重视告发。

试着做

1. 不断地陈述你的价值观，并明确表示（即使告发行为影响了目标实现），你宁愿知道问题而不是不知道。

2. 鼓励你的团队提出任何担忧，即使这些担忧最终毫无根据。

3. 当句子以"这可能听起来很傻……"开头时要特别留意。

4. 如果调查不值得，花时间向提出问题的人解释原因，并采取措施避免这种误解再次发生。

5. 若出现了多个举报，请使用根本原因分析法来查明问题的根源并形成有价值的解决方案，然后必须落实这一方案。

6. 如果你的员工不乐意，不能与你讨论这个问题，你要熟悉他们可以使用的沟通方法。

7. 提醒员工，即使最初的联系是保密的，当调查问题时，相关人员有权利知道是谁最初提出的。但是，要确保他们不会遭到报复，并且要确保举报的问题是事实。

思考

- 你得到了什么启示?

- 你下次会如何做?

参考文献

Larmer, R.A.（1992）Whistleblowing and employee loyalty, *Journal of Business Ethics*, 11（2）, 125-128.

Moore, M.（2011）*Here Comes Trouble*. New York, NY: Grand Central Publishing.

Rowe, M.（1993）Options and choice for conflict resolution in the workplace, in Hall, L.（ed.）*Negotiation:Strategies for Mutual Gain*. Newbury Park, CA: Sage Publications, Inc., pp. 105-121.

6.6 管理组织内部的小道消息

"小道消息有三分之一是对的，三分之二是错的。"

——露西·莫德·蒙哥马利（L.M. Montgomery, 1988）

为什么

正如第 6.3 节中所讨论的，小道消息常常出现，它没有什么好处，常常会导致消极的后果。然而，在大型组织中，小道消息却是正式沟通的有益伴侣。尽管受认知和观念的影响，但信息通过秘密渠道传播的速度要比其他任何渠道都快得多。你无法阻止小道消息的传播，但明智的做法是对听到的信息有所保留，并建议你的团队也这么做。

知识简介

洛莱特说："小道消息让感受得以表达，而不是被抑制。人们需要谈论是什么影响了他们……如果经理人能够关注小道消息，他们就能了解大量关于员工的问题。"洛莱特接着说，许多小道消息是真实的，但可能存在歪曲。把小道消息当成魔怪，拥抱它，但不要总是相信它……当然午夜后就不要再喂它了。

试着做

1. 向你的团队说明，你知道组织内部的小道信息，但要提醒他们，这样的信息可能是不可靠的。如果他们关心他们听到的任何事情，鼓励他们告诉你。

2. 如果有谣传的问题需要解决，那么就请尽快公开地处理，最好是与你的整个团队一起处理。确保将后续的信息或总结转告给当时不在场的人，而且这些信息或总结都要直接来自你，否则他们会觉得信息可能会在传播过程中有所扭曲。

3. 如果你认为听到的小道消息是值得关注的问题，请向相关人士提出，并解释你是如何听到的。如果他们不知道自己是谣言针对的对象，他们可能会对这些提醒感到高兴。

4. 不要传播你听到的任何小道消息。

思考

- 你得到了什么启示？

- 你下次会如何做？

参考文献

Lorette, K. (2015) The importance of the organizational grapevine in internal business communications, *Small Business Chron*, 见网址:http://smallbusiness.chron.com/importance-grapevine-internal-business-communications-429.html(于2015年8月检索)

Montgomery, L.M. (1990) *Chronicles of Avonlea*. London: Bantam Books.

6.7 应对负面舆论

"最重要的是,你必须忠于自己。"

——威廉·莎士比亚(William Shakespeare),

《哈姆雷特》(*Hamlet*)第一幕第三场

为什么

由于互联网的发展,负面舆论——不论真假——都能得到快速地传播,并能在几秒钟之内毁掉你的业务或声誉。此时,你能使用的最重要的武器就是沟通。以事实为依据来处理每起投诉。如果批评是没有根据的,要言明原因。切记,无论你的方法多么合理,你的解释多么有效,在互联网的影响下,总会有人感到不快。但只要你足够真诚、问心无愧即可。

知识简介

服务补救悖论是一种商业现象，指的是当客户认为服务错误很小，并且（或者）不能直接归因于组织时，在组织处理这个问题后，客户对组织的忠诚度比没有错误发生时更高。因此，专业地处理投诉不仅是正确的，而且是有益的做法。

试着做

1. 在回复投诉之前，先核查事实。如果存在不准确之处，请联系举报的人并说明清楚，但不要进一步讨论任何事情。

2. 尽快以一份公开声明进行回复，回答所有的问题。

3. 确保你的人力资源部门和管理层了解情况并支持你的行动。

4. 确保你的团队在未经你许可的情况下不会对媒体发布信息。

5. 如有需要，请做出道歉（请注意你可能需要排除承担责任）。

6. 若批评没有根据，请解释原因，但要通过证据而不是防御性的态度来进行辩护。

7. 如果合适且在你的职权范围内，请主动做出补偿。

8. 表明你已经了解情况，并说明为纠正这个错误正在采取的步骤和为保证不犯同样的错误而实施的措施。

9. 如果可能的话，采取一些措施，让新的正面宣传战胜负面舆论。

切忌：

· 在网络上发泄你的不满！

· 回复社交媒体上的帖子时，除了官方声明或"无可奉告"，别无他法——你永远无法赢得所有人的认可，如果你被激怒了，你可能会说一些有害的话。

· 自己用谷歌搜索一段时间，因为你一定会找到提示上述两点的内容。

· 过度思考形势。如果你已经尽力而为，并且保持正直诚信，那么你的故事很快就会成为"旧新闻"，因为人们会转移到下一个新故事。

思考

- 你得到了什么启示?

- 你下次会如何做?

参考文献

Magnini, V.P., Ford, J.B., Markowski, E.P. and Honeycutt Jr, E.D.（2007）The service recovery paradox:justifiable theory or smoldering myth? *Journal of Services Marketing*, 21（3）, 213-225.

Shakespeare, W.（1985）*Hamlet, Prince of Denmark*, ed. Edwards, P., New Cambridge Shakespeare. Cambridge:Cambridge University Press.

第 6 章　后记

记住，在处理完任何投诉之后，最重要的是重新整顿你的团队。你的员工必须知道，组织把他们的最大利益放在心上，并将永远努力支持他们。

第 **7** 章

商业道德和诚信

7.1 以价值观为导向的组织

使命宣言是卓越的保证，例如："如果你加入我们的组织，我们将……"——为什么不呢？没有目标，你怎么知道成功是什么样子的？但使命宣言没有阐明你将如何实现目标。许多组织现在正朝着"以价值观为导向"的方向发展，并且在每个组织的接触点都能看到"诚信"、"沟通"或"卓越"等字眼。比列出价值观更重要的是实践它们，而这正是组织做得不到位的地方。每个组织都必须认同自己的价值观，并将它们融入日常的工作中。

照着做

如果你要写出描述你的组织实践的三个价值观，它们是什么？它们是优秀的价值观吗？如果不是，请确定你可以如何修改以使它们变得优秀。

7.2 利润与组织福利的权衡

　　企业需要盈利，因为这是其生存的唯一途径。但以牺牲员工为代价来实现这一目标会适得其反。当你缩减了团队规模并要求余下的员工做全部工作时，他们很快就会变得士气低落、不愿意工作。你的团队成员害怕被裁员，担心失去朋友和同事，这会对你的团队产生不利影响。通过裁员获得（或节省）的好处都是短暂的，因为裁员后你的企业不够健

康，无法持续成长。如果你需要削减人力资源，请阐明你决策的原因。要着眼于业绩而非工作角色——正确地精简，你的团队甚至可能会感谢你。如果处理不当的话，你的组织将难以生存。

照着做

　　确认哪些人工作出色，哪些人需要支持。运用 SMART 行动计划提供支持。

7.3 保持质量

　　当你要求员工以较少的支持和资源完成工作时，他们的工作质量总是会大打折扣。虽然你可能会在短期内节省开支，但这样做存在服务隐患。在出现一次重大的服务失误后，你能承担起重建一个品牌的成本吗？

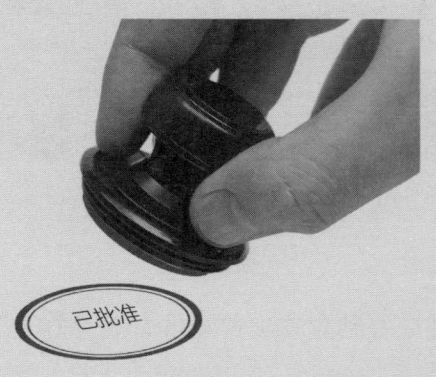

照着做

　　反思自己是否存在任何质量方面的担忧，如果有，请提出来！

7.4 承担社会责任

　　企业社会责任是另一个常见于企业接触点的词汇。企业会积极地展示他们获得的荣誉徽章（例如人员投资、黄金标准等），这当然对新员工很有吸引力。然而，再次强调，没有实际支撑的表象很快会被揭穿。你现在所做的一切还不够，你必须确保你的投资和你的客户符合道德规范，确保你没有对"碳足迹"（Carbon Footprint）做出很大的贡献，确保你没有任何原材料的浪费。但是，与组织的价值准则一样，你必须看起来在以一种负责任的态度实践。由于可疑行为会快速地通过社交媒体传播，你绝不能对相关的社会责任掉以轻心。

照着做

　　你做过哪些对社会负责的事情？在推特（Twitter）上将它们公布出来。

7.5 治疗"中毒"的组织

　　罗宾逊指出，与人一样，组织也会遭受疾病的折磨。一个"患病"的组织会影响其自身的增长和业绩。尽管在创业型公司中，组织的特质是由 CEO 塑造的，但大型组织也可能由于既定的文化和惯常做法而变得有问题。你的组织有多健康呢？

照着做

　　你的组织营业额高吗？你能否找出原因，并概括出一个解决问题的方法。向你的上司提出你的建议。

7.6 全球化世界中的道德规范

　　随着互联网的发展，世界变得越来越小。然而，仅仅因为你能接触到全球性组织，并不意味着你的做法会与它们的趋同。由于国家法律法规的差异，许多组织的企业文化与你的有所不同。一些职场做法在某些组织内无法接受，但在其他组织中很常见。你需要有能力在一个影响范围不断扩大，但个体文化需要时间改变的世界里航行。

照着做

　　确定你的组织遵循哪些道德标准，将它们在推特上公布出来。

7.7 积极主动

　　你是一位出色的经理人——你正在阅读本书，这说明你想要学习和发展，而这本身就是一个积极的特质。管理之于员工，就如同大学之于优等生。再也没有人告诉你该做什么了。如果你提出请求，你会得到帮助，但效果会有所不同。你需要对之前从未做过的事情负责，可能最终会做你多年前就已经忘记的事情。这不是一本讲规则的书，但它综合了

多种思想和概念，你可以运用、发展、混合和匹配它们。选择、运用你喜欢的内容，你掌握的知识越多，你可选择的范围就越广。

　　管理的组织不同，经理人运用的方法也各异，而且不同的书籍给出的建议也不尽相同。然而，一个不变的事实是，优秀的经理人会通过团队协作来完成工作——协作越出色，结果就越佳。世界是动态的，而且会继续变化下去，因此你必须不断反思自己的行为，必要时做出相应的调整。你可能需要花 6 个月的时间来融入组织文化，因此要明智地利用这段时间，在必要时（或可能时）做出改变，并且要勤于思考。经理人要积极主动，也要反应灵敏，把管理当作一次乘车旅行吧！

照着做

　　若想与志同道合的人聊天，分享出色的想法和实践，以达到互相学习的目的，请登录网址 http://businessmatters. freeforums.net/。

7.1 以价值观为导向的组织

"我们的价值观不只是纸面上呈现出现来的文字,它在我们的 DNA 中,是我们做一切事情的基础,并反映在公司的日常行为中。"

——帝亚吉欧(Diageo),
引自《最佳工作场所》(*Great Place to Work*,2014)

为什么?

许多组织能够建立他们的愿景,但没有考虑到附带损害持续存在的现实。以价值观为导向会使企业将注意力集中于行为上,因为"结果证明了手段的正当性"的借口被消除了。当你受价值观的约束时,手段就成了评判你的标准。价值观必须体现在实际工作中,而不能只停留在口

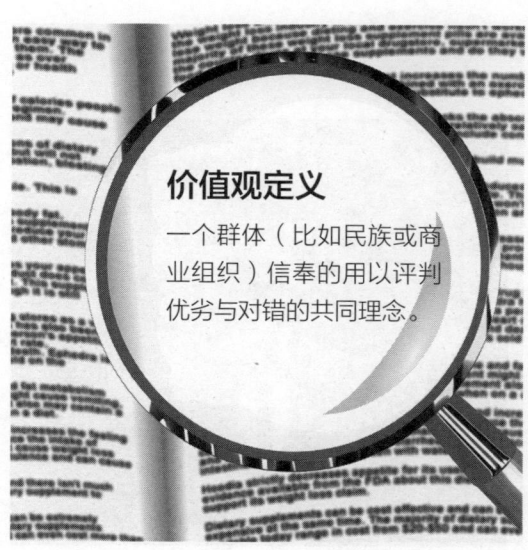

价值观定义

一个群体(比如民族或商业组织)信奉的用以评判优劣与对错的共同理念。

头上。虽然你可以选择价值观，或者价值观可能之前就存在，但价值观是否被运用于实践中，最了解这一点的人是员工自己。你的团队每天都在体验组织文化，所以明智的经理人会不时地听取他们的意见。

知识简介

"以价值观为导向的企业建立在这样的思想基础上：企业对使其存在成为可能的人和社会负有责任。"最佳工作场所研究所（Great Place to Work Institute）调查发现，排名前 100 的英国"最佳工作场所"中，有 97% 的组织是以价值观为导向的。

然而，他们的研究还发现，每一项价值观都必须以期望的行为榜样来明确界定。此外，当员工认为经理人违背了这些价值观时，他们对经理人的信任就不复存在了，进而会对业绩和营业额产生影响。决策缺乏透明度是员工认为某些经理人违背价值观的原因，但值得注意的是，在更大型的公司中，当对价值准则没有明确的定义和强调时，员工会"迷失在对价值观的解读中"。要对你的个人价值观有清醒的认识，用它们指导你的日常工作。即使没有组织的指令，员工也要做出符合道德的行为。

试着做

1. 无论你是否以价值观为导向，你都要让你的团队提出他们认为组织应该体现的价值观。如果你对他们提出的价值观感到惊讶（或震惊），那也没关系，至少你知道了实情，并且有机会改变它们。

2. 询问你的团队想遵循什么样的价值观，以及他们想让组织发生什么样的改变。

3. 询问你的客户对组织所代表的价值观持何种看法，他们希望你体现什么样的价值观。

4. 如果员工违背了价值观，调查他们为何会出现不同的认知并做出解释。

5. 如果你身处于一个小规模的组织，那么在组织的成长过程中，要注意继续强化和界定组织的价值观。

6. 永远重视价值观在行动中的落实，不能只停留在口头上。

思考

· 你得到了什么启示？

- 你下次会如何做？

参考文献

Cohen, B. and Greenfield, J.（1997）*Ben & Jerry's Double Dip*.New York, NY: Fireside.

Cooper, N.（2015）*Leadership Disconnect v's Values-led Organizations*, changeboard.com, 见网址：

http://www.purplecubed.com/images/uploads/Changeboard%201（1）.pdf（于 2015 年 9 月检索）

Great Place to Work（2014）*Institute Research Paper*, Greatplacetowork.co.uk, 见网址：

http://www.greatplacetowork.co.uk/storage/documents/organizational%20values%20are%20they%20worth%20the%20bother%（于 2015 年 9 月检索）

7.2 利润与组织福利的权衡

"放于利而行，多怨。"（译文：如果你的行为完全是为了追求利益，就会招致极大的怨恨。）

——孔子

为什么

随着英国国民医疗服务体系（National Health Service）等机构纷纷投标招商，以及教育机构决定涨学费，资金问题比以往任何时候都更加突出了。你的组织要实现财务的可持续发展，一般的做法是减员并让余下的员工增加工作量。作为一名员工，你知道这种做法不可行，那为什么做了经理人之后你就认为其可行了呢？

知识简介

为了能使员工在一天的工作之后彻底放松休息，许多欧洲公司开始执行"6 点之后不发邮件"或其他政策，但相比之下，英国的经理人仍然比以往工作时间更长。霍林斯赫德等人指出，这是因为组织在"瘦身"时无法"区分脂肪和肌肉"，这种观点不常被提及，但在今天看来却十分重要。当然，"以减员来省钱"的做法不合适，但总有一些员工做事消极，工作效率也不高，而且其他团队成员也知道这一状况。如果你的辨别力不强，当你被迫做出艰难的裁员决策时，你最出色的员工有可能选择离开，因为他们最容易另谋高就，这样你的工作量就会加重——下午 6 点之后还得加班。由于勤奋工作的员工所剩无几，你会得到一个"沮丧"的组织，无法利用任何增长的机会。一个优秀的经理人必须识别并最大限度地做出积极的贡献，同时迅速处理那些对组织产生负面影响的人。

试着做

1.画一个网格，横轴表示你需要从团队中得到的技能，纵轴为团队成员的名字。在相应的方框中打勾，标出他们的技能。通过这种方式，不能完成自己份内工作的人就会凸显出来，但要注意，你在思考的过程中要保持客观，这样你才能确认他们是否在其他方面有所贡献。（注意：不要让你的团队注意到这一点，他们可能有所怀疑，但有了证据时，问题会变得更加棘手。）

2.当发现有人没有做出贡献时，请与他们沟通，并给他们这样做的机会。问问他们，你能做些什么来更好地支持他们。

3.必要时明确说明如果员工不能提高自己的业绩将会产生的后果。可能的情况下，给他们提供改变工作职责的机会。

4.制定一个支持他们的行动计划（理想的情况是与他们一起制定，见2.4节有关处理争议和问题的内容），并检查他们的进展情况。他们取得进展时你要及时认可，没有进展时你要敦促他们。

5.让员工参与制定不涉及减员的解决方案。

思考

- 你得到了什么启示？

- 你下次会如何做？

参考文献

Confucius（n.d.），见网址：www.revolutionalminds.com/confuciusquotes/
（于 2015 年 9 月检索）

Hollinshead, G., Nicholls, P. and Tailby, S.（1999）*Employee Relations: A Contemporary Perspective*. Harlow:Financial Times/Prentice Hall.

Stevens, M.（2011），British staff work more hours than the European average, CIPD.co.uk，见网址：

www.cipd.co.uk/pm/peoplemanagement/b/weblog/archive/2011/12/08/british-staff-work-more-hours-thaneuropean-average-says-ons-2011-12.aspx（于 2016 年 1 月检索）

7.3 保持质量

"质量就是在别人没有注意的时候，你就已经把它做好了。"

——亨利·福特（Henry Ford），引自安德森（Anderson，2013）

为什么

虽然许多人意识到，削减开支并不能解决可持续发展的问题，但很少有人能提出替代方案，而且即使提出了方案，也很少有人去努力实施。我们在最后一节指出了，裁员需要卓越的判断力，而且精明的经理人会征求员工的意见：

"如果我必须在我的部门省钱，我会通过严格控制浪费来实现这一目标。我们浪费了太多东西，有时把一些还能用的东西都扔掉了。员工们可能对此有点不以为然，但如果我告诉他们：要么留下来节省开支，要么失去一个团队成员，我想他们都会照做的。"

团队领导者，NHS

然而，当工作需要冒极大的风险时，只有很有主见的人才能坚持自己的立场。由于短期决策可能会对长期收益产生影响，因此要确保这些决策是积极的。

知识简介

《剑桥词典》(*Cambridge Dictionary*) 将"假省钱"定义为"一开始省钱，但从长期来看，会导致更多的浪费行为。"如果你削减了人力资源，但没有足够的员工来完成这项工作（或者工作负荷过重的员工请了病假），你就得花更多的钱来雇佣和培训经验不足的新员工。同样，如果你降低了原材料的质量，你可能不得不召回销售出去的产品。或者更糟糕的是，如果有人因使用了这种产品而受到伤害或损害，你必须支付巨额赔偿，你的企业将难以生存。当然，有的人持这样一种心态："我不会看到这样的后果"，但这不是一位优秀的经理人应有的思维，而且如果你萌生了这样的想法，你辞职可能对每个人最有利。要真诚地做正确的事情，即使面对逆境。

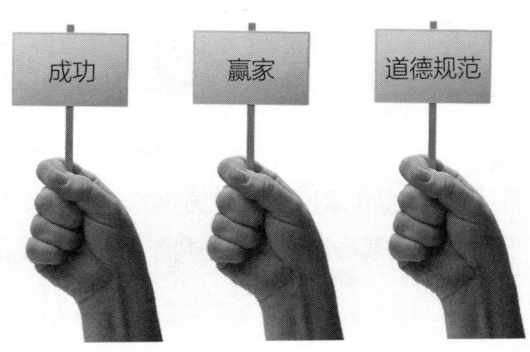

试着做

1. 让你的团队参与定期的成本审计工作，通过审计你可以核查支出的费用，并弄清你的部门如何支出才更有效。记住，高效的盘点或订购以及遏制浪费会对预算产生巨大的影响。

2. 让你的团队知道，你采取的预防措施是从长远角度防止失业。（如果设定了最后期限，而且你不能左右结果，你要诚实地向员工传达这些信息，而不是威胁他们。）

3. 尊重你的工作，尊重所有帮助你完成任务的人。

思考

- 你得到了什么启示？

- 你下次会如何做？

参考文献

Anderson, E. (2013) 21 quotes from Henry Ford on business, leadership and life, www.forbes.com, 31 May, 见网址:http://www.forbes.com/sites/erikaandersen/2013/05/31/21-quotes-from-henry-ford-on-business-leadership-and-life/(于2015年9月检索)

Cambridge Dictionary Online (2015), 见网址:http://dictionary.cambridge.org/dictionary/english/false-economy (于2015年9月检索)

7.4 承担社会责任

"我们要对自己的行为和态度负责，承认这一点并不会令人沮丧，因为这也意味着我们可以自由地改变命运。"

——阿娜伊斯·宁（Anaïs Nin，1969）

为什么

企业社会责任不仅适用于你和你的组织，也适用于与你有业务往来的人。社交媒体能快速地传播有关不道德行为的新闻（无论是否有根据），如果你无法消除这些传言，你的声誉就会受损。从碳足迹到歧视，组织规模越大，倒下的可能性越大……会有更多的人想把你从高位上推下去。你更容易在本地实施高标准，但当业务被外包时，符合这些高标准也很重要。

知识简介

节约成本的外包做法一直受到时尚行业的密切关注，耐克因与血汗工厂的联系几乎通过公众的抵制让他们付出了代价。2010年，苹果公司在中国的工厂有18名员工因工作原因自杀（14人成功），苹果公司的业绩也因此出现了短暂的波动。现实情况是，如果你对某位客户说"你可以花n磅买到这部手机，但要花nnnn磅才能买到这部合乎道德条件制造的相同手机"，客户会如何选择呢？但这并不意味着宽恕恶劣的做法是正确的。此外，你的竞争对手无论自身是否有问题，都可能使事态进一步恶化。

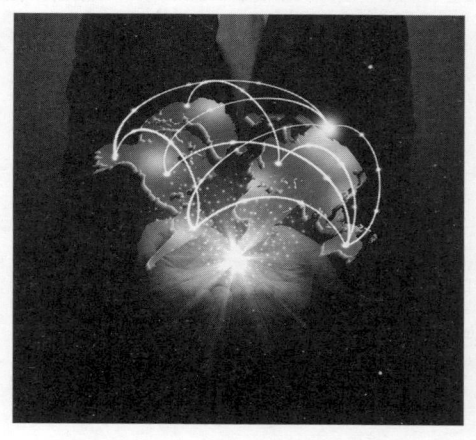

试着做

1. 了解组织内部的做法以及你的客户的做法。如果要将某些工作外包，请确保相关组织的做法符合你的要求。

2. 如果你将业务外包，请加入道德贸易联盟（Ethical Trading Initiative），这是一家总部设在英国的公司，自 1998 年成立以来一直致力于通过其"行为准则"改善全球供应链中工人们的生活。可登录网址 http://www.ethicaltrade.org/ 查看相关的行为准则。

3. 请注意，企业是应该扩大本国的就业还是将业务外包，这一问题尚存在激烈的争议，你可能会被要求证明你选择的合理性。

4. 始终要注意，偏信则暗，兼听则明。如果处理不当，敏感的道德问题将产生巨大的危害。如果你有所担忧，请先在内部提出这些问题（遵循相关的组织协议）。

思考

• 你得到了什么启示？

• 你下次会如何做？

参考文献

Ethical Trading Initiative Code of Practice, 见网址: http://www. ethicaltrade.org/eti-base-code (于2015年9月检索)

Jefferies, D. (2014) Is Apple cleaning up its act on labour rights? *The Guardian*, 5 March, 见网址: http://www.theguardian.com/-sustainable-business/apple-act-on-labour-right (于2015年9月检索)

Kokemuller, N. (2015) Is outsourcing an ethical practice? *Small Business Chronicle*, 见网址: http://smallbusiness.chron.com/outsourcing-ethical-practice-80639.html (于2015年8月检索)

Nin, A. (1969) *The Diary of Anais Nin, Vol. 1: 1931–1934*. New York: Mariner Books.

7.5 治疗"中毒"的组织

"如果性格真的是个问题，那么心理治疗就是解决之道。"

——克里斯·阿吉里斯（Chris Argryis，1986）

为什么

就像病人难以正常工作一样，"生病"的组织也是如此。公司和规模较小的部门可能会因为掌权人的行为而"染上疾病"，因此你要治愈这些疾病。

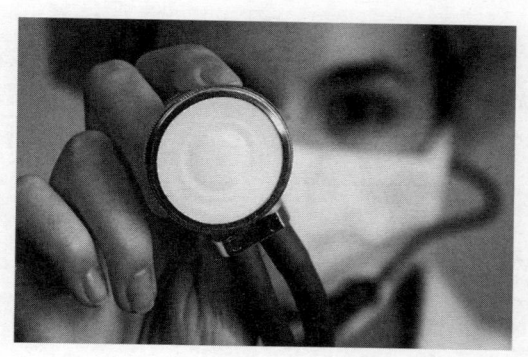

知识简介

罗宾逊界定了组织内的三种"疾病"，它们分别是：

·　**疯狂：**"奇怪、古怪或功能失调的思维模式……处理人际关系的能力降低"。

·　**邪恶：**"冲动或戏剧性的行为模式……缺乏同理心"。

·　**阴郁：**"依赖、回避和强迫症……障碍"。

上述每一类"疾病"都会对组织的绩效和成长产生影响。另外，这些组织"疾病"有时未被发现，因为它们根植于实践中或完全被忽略。

如果你的团队或同事存在这样的问题，请不要忽视它们。承认并监控可疑行为，以查看是否存在某种"疾病"。

如果你发现组织（或部门）处于病态，弗罗斯特建议：

- 你可能需要接受你无力改变的事物，但要意识到这些疾病的存在，这样你才能继续挑战他们。

- 你可能会决定去一个更健康的工作场所，甚至有可能带回治疗疾病的方法（参见 3.6 节有关借调的内容）。

试着做

以下是克里斯·阿吉里斯提出的一个简单练习，它能揭示出任何常见的例行工作中的"疾病"。你可以自己或请你的团队来完成这个练习。

1. 提出一个相关的问题，并写下你会怎么做。

2. 假设你有机会在会议上提出这个问题，在纸的一侧写下你可能在会议上讲的话。

3. 在纸的另一侧写下你可能得到的回应。

4. 最后，请预测结果。

阿吉里斯发现，大多数人认为得到的回应会是"我们无能为力"或与之类似的言论，大多数预测结果是"下次会议再解决"，而下一次开会时，这一问题可能已经被遗忘或被别的问题取代了。

如果你发现预测和结果是改变的积极推动因素，那么恭喜你；如果你发现又有另一个问题被掩盖了，说明你可能有一个病态的组织。

此时：

• 检查练习中确认的问题，看看能否单独解决它们。如果有人说："什么都做不了"，无论如何都要问他一句"为什么？"。

• 如果你能做出改变，无论改变多小，都要去做。

• 不要忽略重要的问题，即使你不能立即解决它们，也要把它们作为议程的重点。

• 鼓励你的团队在发现问题时提供解决方案——有时辩解只是他们没有任何想法的借口。

• 考虑一下激发员工的创造力。这并不是在倡导 GCSE 戏剧练习，但有时你需要提醒员工，"不"并不总是备选方案，这样做能激发员工的创造力：

在该练习中，团队成员之间互相投掷一个想象中的球。每个人抛出球时说出球代表什么，接球人接住球并承认它是什么，然后再把球抛掷给另一人，同时将球描述为其他事物。这样做的目的是培养创造力，同时也承认并接受其他人的想法，无论这些想法有多怪异。

思考

• 你得到了什么启示？

- 你下次会如何做？

（空白框）

参考文献

Argryis, C.（1986）Skilled incompetence, *Harvard Business Review*, September, 见网址：https://hbr.org/1986/09/skilledincompetence（于 2015 年 9 月检索）

Frost, P.J.（2007）*Toxic Emotions at Work and What You Can Do About Them*. Boston, MA: Harvard BusinessSchool Press.

Robinson, D.A.（2009）*Pathologies and Wellness in Entrepreneurial Firms*, Epublications.bond.edu.au, 见网址：

http://epublications.bond.edu.au/business_pubs/67（于 2015 年 9 月检索）

7.6 全球化世界中的道德规范

"毫无疑问，一小群有思想、有责任感的公民就可以改变世界。事实也一直如此。"

——玛格丽特·米德（Margaret Mead），引自库尔（Cool, 2008）

为什么

如果你不断地接触一些刚开始令你反感的事物，脱敏现象就会发生。同样，一种不道德的行为最初可能会让你感到震惊，但当它成为你日常生活的一部分时，你就会习以为常，见怪不怪了。位于英国的一家企业能够处理其在世界不同地区的业务，这些地区的法律和制裁可能有所不同，因此可以在生产率方面获得优势。然而，这可能需要付出代价。你可能没有看到直接影响，但并不意味着它没有发生。让那些与你有生意往来的人遵守道德规范是很重要的。

知识简介

阿斯兰曼观察到，全球化带来了更大规模的相互依赖和整合，对贸易也提出了更严格的监管要求。全球化不仅意味着精明的投资，也为组织提供了机会，让它们成为工人基本权利的教育者和执行者。

你的员工的做法也要符合道德规范。"餐桌下的礼仪（Family Hold Back）"，即客人（在商业背景下指客户）总是排在第一位的做法，可能会对组织的健康有害。当然，企业的最终目标是盈利（因为这确保了企业的生存），但一个无人运营的富有组织也会很快就失败。

试着做

1. 明确你的道德实践标准，并期望与你合作的其他人（无论是客户还是员工）也遵循这样的标准。

2. 如果你不能确定某种做法是否符合道德标准，试着从其他人或企业的角度去理解它，然后要求他们也以同样的方式考虑你的做法。

3. 若无法达成协议，如果你的道德标准是明确的，而违反的情况也很明显，那么无论后果如何，你都要坚持自己的标准。

4. 要明白，道德决策并非总是明确的。

5. 鼓励你的团队做出自己的道德决策。

6. 了解并实施行业标准中道德准则的变更。

7. 定期反思你的做法，确保你不会为了获利而让员工牺牲太多。

思考

- 你得到了什么启示?

- 你下次会如何做?

参考文献

Aslanman, S. (2015) Gaps of social justice in a globalised world, paper presented at the International Journal ofArts and Sciences Conference, Las Vegas, 2015.

Collinson, W.E. (1927) *Contemporary English: A Personal Speech Record*. Berlin: B.G. Teubner.

Cool, J.C. (2008) *Communities of Innovation: Cyborganic and the Birth of Networked Social Media*. Ann Arbor, MI: ProQuest.

7.7 积极主动

"最危险的说法是,'我们一直是这么做的'。"

——格蕾丝·霍珀 (Grace Hopper),

引自约翰逊·刘易斯 (Johnson Lewis, 2015)

为什么

本书的目的之一是让你反思自己的做法。如果你能理解自己做出某些行为的原因，那么你就能更好地理解你的组织内的员工（至少一名）。你还可以通过观察、思索和了解每种行为的替代方式，从而了解其他人如何思考和行动，之后你就能更好地掌控接下来发生的事情。你可以选择做出改变，或者保持现状，但开阔的视野意味着你能拥有更强大的掌控力。管理绝非易事，也没有明确的道路可循。你需要做出许多判断，你的诚信也将遭受考验。你可能需要质疑自己的信念和行为，有时要做出更改或破例。但最重要的是，你要保持积极主动的心态。管理不是被动的，负责任的管理意味着你要积极地塑造你的旅程。

知识简介

一旦有人被"制度化"，他们就会成为"特定系统、社会或组织的一部分"。这意味着有问题的做法往往不被追究责任，甚至不被承认。卓越的经理人知道他们以及团队和同事的优秀做法，同时知道他们总是可以不断学习和进步的。学习需要以史为鉴，需要在获得经验后不断修正之前的做法。根据阿吉里斯和舍恩的观点，许多组织都擅长"单循环"学习法，即（通常）以他们一惯的方法对事件做出反应，这可能会导致短期的"修复"，但不会使组织进步。在阿吉里斯和舍恩看来，唯一有效的是"双循环"学习法，即在进行反思和获得新的经历后，不断回顾自己的假设和行为。阻碍这种学习方式的往往是骄傲，因为骄傲会导致防御性行为。要始终铭记这一点：企业要成长，要实现可持续发展，如果你不学习就不会进步，不进步就会停滞不前。

让反思和修正成为你日常工作的一部分。你选择了你的角色，你选择了这本书，你就必须选择成长！

试着做

1. 如果有人质疑某种做法，请尝试着从他们的角度来看待问题。他们可能已经发现了真正的缺陷，或者你可能没有正确地解释它，两种情况都要引起你的重视。

2. 在对问题做出回应时，要严格检查你的假设，如果这些假设没有根据，请改变它们。

3. 反思你的解决方案，并实事求是地进行评估。

4. 不要害怕犯错，这是最好的学习方式。记住，如果你不学习，你可能会停滞不前。

5. 员工离职时，一定要亲自与之面谈，无论是当面还是通过电子平台。人们通常会选择离开，而不是质疑那些他们认为不能或不会改变的做法。直截了当地提问可能让你得到一些答案和改进的想法。例如：

（1）你认为在实践中做出哪些改进能提高业绩？

（2）你觉得我们在哪些方面可以做得更好？

（3）我们怎样做才能留住你？

思考

- 你得到了什么启示？

- 你下次会如何做？

参考文献

Argryis, C. and Schon, D.（1978）*Organizational Learning: A Theory of Action Perspective*.Reading, MA: Addison-Wesley.

Cambridge Dictionary Online（2015），见网址：http://dictionary.cambridge.org/dictionary/english/institutionalize（于 2015 年 9 月检索）

Johnson Lewis, J.（2015）*Women's History*, abouteducation.com, 见网址：http://womenshistory.about.com/od/quotes/a/grace_hopper.htm（于 2015 年 9 月检索）

图书在版编目（ＣＩＰ）数据

卓越经理人 / （英）奥黛丽·唐（AUDREY TANG）著；马林梅译. -- 长沙：湖南
科学技术出版社，2020.3
（二合一极简管理课）
ISBN 978-7-5710-0411-8

Ⅰ. ①卓… Ⅱ. ①奥… ②马… Ⅲ. ①企业领导学Ⅳ.①F272.91

中国版本图书馆 CIP 数据核字(2019)第 275454 号

著作权合同登记号：18-2019-028
中文简体字版权专有权归湖南科学技术出版社所有
BE A GREAT MANAGER NOW!
978-1-292-11966-3 by Audrey Tang, Copyright © Audrey Tang 2016 (print and electronic)
This translation of BE A GREAT MANAGER NOW! is published by arrangement with Pearson Education
Limited.
Simplified Chinese Translation copyright © 2020 by Hunan Science&Technology Press.
ALL RIGHTS RESERVED

ZHUOYUE JINGLIREN
卓越经理人

著　　者：[英]奥黛丽·唐
译　　者：马林梅
责任编辑：李 柔　杨 旻
出版发行：湖南科学技术出版社
社　　址：长沙市湘雅路 276 号
　　　　　http://www.hnstp.com
湖南科学技术出版社天猫旗舰店网址：
　　　　　http://hnkjcbs.tmall.com
印　　刷：湖南省汇昌印务有限公司
　　　　　（印装质量问题请直接与本厂联系）
厂　　址：长沙市开福区东风路福乐巷 45 号
邮　　编：410003
版　　次：2020 年 3 月第 1 版
印　　次：2020 年 3 月第 1 次印刷
开　　本：889mm×1194mm　1/32
印　　张：7.5
字　　数：190000
书　　号：ISBN 978-7-5710-0411-8
定　　价：45.00 元
（版权所有·翻印必究）